快消品营销实战策略

MARKETING
STRATEGY OF FAST SELLING GOODS

企业营销管理与业绩提升全攻略

张永春◎著

天津出版传媒集团

天津人民出版社

图书在版编目（CIP）数据

　　快消品营销实战策略/ 张永春著. --天津：天津
人民出版社, 2018.5
　　ISBN 978-7-201-12955-6

　　Ⅰ.①快… Ⅱ.①张… Ⅲ.①营销策略 Ⅳ.
① F713.50

　　中国版本图书馆 CIP 数据核字（2018）第 040407 号

快消品营销实战策略
KUAIXIAOPIN YINGXIAO SHIZHAN CELUE

出　　版	天津人民出版社	
出 版 人	黄　沛	
地　　址	天津市和平区西康路35号康岳大厦	
邮　　编	300051	
邮购电话	（022）23332469	
网　　址	http://www.tjrmcbs.com	
电子信箱	tjrmcbs@126.com	

责任编辑　赵　艺
装帧设计　孙希前

印　　刷	三河市航远印刷有限公司	
经　　销	新华书店	
开　　本	710×1000毫米　1/16	
印　　张	15	
字　　数	120千字	
版次印次	2018年 5 月第1版　2018年 5 月第1次印刷	
定　　价	38.00元	

前言 FOREWORD

随着社会经济的发展，人们生活水平逐步提高，购买能力也随之增强，在靠规模取胜的快消品行业中，竞争历来异常激烈，企业如何在竞争中脱颖而出，立于不败之地，制定科学合理的营销策略尤为重要。

快消品关乎国计民生，与人民群众的日常生活息息相关，当今社会物资极其丰富、商品琳琅满目，消费者的选择余地较大。对快消品这类特殊商品而言，其最大的特点就是可替代性强，消费者在购买过程中呈现出随意性高、对产品忠诚度低且容易受外界感性因素等影响而出现一时冲动之下做出的购买行为等特点。因此，采取正确的营销策略，对快消品生产企业和经销商来说至关重要，它不仅直接影响经济效益，而且对其生存与发展起着决定性的作用。

快消品营销较重要的一点就是要让消费者与企业的营销方式产生共鸣，唤起其内心深处的购买欲望，对产品形成一种强烈的认同感。从企业的营销角度来看，那么，如何做到让消费者与企业产生共鸣呢，企业应该善于发现和利用有新闻价值的公共事件，借事件的影响来引发大众对该事件的广泛兴趣与注意力，将消费者潜在的购买倾向转化为实际的购买行为，同时要不断加大对产品相关信息的宣传，提升消费者对产品的忠诚度，从而达到提高企业社会知名度、塑造企业良好形象和最终促进产品与服务的销售目的。

例如，蒙牛酸酸乳巧借湖南卫视 2005 年举办的"超级女声"进行事件营销，它借助超级女声宣传蒙牛酸酸乳、宣传蒙牛品牌，在向消费者展示蒙牛酸酸乳自信、阳光、充满活力的品牌特征的同时，也向消费者传播了乳饮料健康的理念，最终取得了巨大成功。

在中国，五一小长假、十一、春节等假期被称为消费黄金周，每当节日来临，人们走亲访友、互相送礼品已是常态。在此期间对快消品的需求较往日相比成倍增长，其中蕴含的市场之巨大不言而喻，因此，如何在假日做好快消品的营销对企业来说十分重要。首先，要加大广告的投放量，针对不同区域做不同的比例分配，如在市场十分成熟的我国华东、华南地区，应有较多的广告投入，以便能在激烈的竞争中占有一席之地；相对西北、东北等市场欠成熟地区，广告投入应适当增加，以期望开发更多的潜在消费群体，从而提高市场占有率。其次，在巩固大城市的市场基础上抑或在大城市的竞争中处于劣势，此时就应该避重就轻，突出重围，将营销重点转移至一般的地市县甚至广大的农村去开辟市场，培养新的消费增长点，快销行业应该充分利用好假日营销这一契机，加强与消费者的沟通和联系，提升品牌知名度，才能够在激烈的市场中占有一席之地。

快消品的营销应该与节日的欢快、喜庆氛围相呼应，为此就应该有所创新，例如，可口可乐在其广告主题中使用"中国红"、"明星"等元素，巧妙地将节日的气氛与产品本身拥有的口感自然而然的融合，可谓表现得淋漓尽致，带给消费者的是一种超越常规的美妙感受。

现如今，互联网也改变着人们的生活方式、消费观念，网络使得消费者的消费周期变短，越来越多的消费者通过网络搜索、了解相关产品的功能、样式、价格等信息，经过多方比较最终做出购买与否的决定，因此，如何在网络中寻找机会成为快消品企业和商家需要考虑的一个重要问题。

快消品企业应该抓住网络这一有利平台，制定科学的营销策略进行网络营销，应从传统的价格战转为差异化的品牌价值营销，加大广告投放量，在广告的基础上为快销企业提供一个集合精准性和创造性的运行空间，树立差异化的品牌形象，从而达到引起消费者注意、建立对产品的认同与忠诚度的目的，使得产品深入人心。同时，媒体的选择也十分重要，快消品企业应与有较大影响力和公信力的网络媒体进行合作，随着经济的发展，互联网已成为快消品营销的主要场所，只有充分利用好互联网，不断进行营销创新，让企业与消费者进行信息的有效传递与沟通，才会在网络营销中取得成效。

快消品市场巨大、商机无限，在消费者购买行为愈来愈理性的情况下，企业一方面要提高产品质量，以期得到市场的肯定；另一方面也要加强品牌建设与管理，树立企业良好的社会形象，加大宣传力度，培养消费者对产品的忠诚度，同时加强营销渠道的建设与管理，不断变革创新体制机制，整合多种媒体开展营销，让媒体、消费者、产品三者融为一体，最终达到三方共赢的局面。

本书将理论与实际相结合，不仅有系统性的营销知识，更有很多指导总经理掌控快消品营销的策略技巧，按章节为总经理提出"摆正营销位置、重视市场分析、找准产品定位、加大宣传推广、打造营销团队、稳固营销渠道、重视竞争分析与决策、把握整合营销、重视客户管理、了解多种营销模式、剖析快消品行业营销经典案例"十一方面的忠告。

第一章 营销决定企业的生存——总经理必须重视营销

随着社会商业化程度不断增加，营销的触角早已延伸到社会生活的各个角落。做业务固然需要懂得专业的营销之道，才能获得客户的认同。实际上，每个人都需要掌握一定的营销常识。也就是说，你可以不搞营销，但你不能不懂营销。

◆ 营销的范畴是什么

营销有三个条件，一是产品或服务，二是营销市场，三是营销活动。所谓营销，就是以市场需求为中心，围绕自己的产品或服务展开各种营销活动。营销也是一种组织职能，是组织者为了自身及相关者的利益，而在一定的市场范畴中，进行产品创造与制作、传播传递与交换兑换的活动全过程。

所谓的"活动营销"，就是围绕着产品促销，而展开传播诉求及沟通互动等各种营销活动。就是主办方有明确的诉求，并以活动为核心载体，经过充分的市场研究、创意策划、沟通执行等流程，整合相关社会资源、媒体资源、受众资源、赞助商资源等构建的全方位的平台，包括内容平台、营销平台、传播平台。通过举办各种活动，最终可为主办方及活动参与者带来一定的社会效益和经济效益，并能获得品牌的提升和销量的增长。

营销离不开市场，市场营销的概念，则是由 AMA 修订而引起普遍重视的：计划和执行关于商品、服务和创意的观念、定价、促销和分销，以创造符合个人和组织目标的一种交换过程。一般来说，市场活动营销的范畴大致可分为以下几类。

1. 网络营销

网络营销是在 20 世纪 90 年代产生的，一直发展到现在。网络营销指的是在媒体推广后期，以互联网为传播介质所产生的交易行为。网络营销就是利用不同的渠道，组建纵横交织的强大的载体信息覆盖。而这些覆盖，是根据企业客户的需求和发展策略，有针对性地在随时进行着调整。通过这些传播，再加上电话、邮件、QQ、在线即时通信等软件的沟通，最后通过在线支付来实现交易。这个过程交错结织的网络形成的交易行为，就是真正的网络营销。所以说，网络营销是以传播网络为基础平台而达成的交易。

2. 企业的活动营销

企业的活动营销是企业围绕活动而开展的营销。企业以活动营销为载体，以产品促销、提升品牌、增加利润为目的，策划实施各种营销手段和营销模式。企业活动营销的形式，一般有产品推介会、品牌发布会、路演、促销活动、赞助各类赛事、开设论坛、开展系列主题活动等。企业借助活动营销，可以进一步提升媒体的关注，增加消费者的体验与沟通。在不同的营销中，企业对营销活动的介入程度也是不相同的。有的是通过赞助活动，向市场推广产品和服务；有的是通过与政府合办活动，以获取政府资源与扶持；有的则是企业本身，为其量身定做各种专门的活动，发布新的品牌，强化公司形象，增加销售；那些国际奢侈品要打入中国市场，也纷纷采用各种活动营销的形式走入市场。

3. 媒体的活动营销

媒体活动主要由媒体进行策划组织来丰富和完善媒体内容。由于媒体资源越来越过剩，媒体也越来越习惯于依靠各种活动来吸引广大观众和商家的注意。如"超级女声"，就是非常成功的媒体活动，在不断演绎中，变成以湖南卫视为主导，吸引平面媒体、互联网媒体、手机媒体等全方位高度关注的社会文化事件，创造了非凡的品牌价值和经济效益。同样，央视体育频道独家买断了对世界杯赛事的转播，使央视体育频道的时段收视率迅速飙升，广告收入达到平时的数倍之多。

4. 城市的活动营销

活动营销也是城市营销经常采用的有效方式。各大城市通常会有计划、有目的地策划申办各种大型节会、赛事和论坛，开展多种形式的活动，并围绕着活动的内容进行策划，组织挖掘城市文化，对城市的基础设施、公共场所进行改造，对城市的环境进一步优化，宣传推广城市形象与品牌特产，促进城市的经济发展和品牌价值的提升。如在海南三亚举办"世界小姐"总决选，吸引大量海外游客，提升了三亚城市的国际影响力。再如广州借助亚运会，对城市基础设施进行全面的改造，对城市环境进行统一治理，使广州的面貌焕然一新。博鳌因"博鳌亚洲论坛"而一夜成名，由昔日的小渔村一跃成为国际知名的海滨度假胜地。

5. 非营利组织的活动营销

国内的非营利性组织大多属于官办性质，主要是依靠企业或民众的捐助来运行。而所谓的捐助，一般主要是出于善行善举、道德驱动的援助行为，捐助者基本上不考虑经济上的回报，而是根据自己的能力和意愿自由捐助。实际上这种非营利性的活动营销，是能够加强道德驱动的利益回报。由于借助活动而整合社会资源、媒体资源乃至明星资源，通过这类活动营销的影响力，不仅能够加大对自身的宣传，也可以通过活动平台回报赞助企业，进一步提升赞助企业和品牌的知名度、美誉度，实现多方共赢。如香港世界宣明会曾在 2011 年于香港仔运动场举行盛大的"饥馑三十"大型筹款活动，活动吸引了几千名营友，与"饥馑之星"何韵诗、方大同、吴雨霏等明星共同身体力行忍受饥饿 30 个小时，切身感受饥民的痛苦。众多明星的参与吸引了大量的媒体，使"饥馑三十"活动充满了感召力，让更多的人了解宣明会这个组织，其倡导的理念也因此更加深入人心。

营销点评：

　　关于"市场活动营销"的定义，不同的人有不同的解释，但总的意思就是在共同的利益中，通过相互交换产品、服务、创意和价值，以满足需求和欲望的一种社会管理过程。市场营销活动是一项有组织的活动，是将创造的"价值"在沟通中输送给客户，并维系与客户的关系，使公司及其相关者受益的过程。

◆ 营销是企业战略的核心内容

营销是个人和集体通过创造提供出售，并同别人自由交换产品和价值，以获得其所欲之物的一种社会和管理过程。营销者是某个寻找一个或更多的能进行价值交换的预期顾客的人。营销管理是计划和贯彻营销观念，对商品、服务与创意的实践和促销，以便与目标群体，即满意的顾客和组织目标，实行有创造性的交换活动。营销管理的本质是需求管理，它的任务是影响需求的水平、时间和内容。

一般来说，营销（marketing）的主要任务往往被认为是顾客和商家创造、推广、传递商品和服务。营销人员要善于为公司的产品刺激出需求。然而，如果这只是对营销人员所从事的任务的观点，则太局限了。

营销的目的是寻找到更多的客户，客户是企业最大的战略资源，是企业获得持续利润的源泉，更是企业持续发展的基础。因此，如何满足客户需求，适应客户需求，给客户自己选择产品的权利，是企业制胜的关键，是企业战略的核心。

存在的不一定就是合理的，只有长久存在，才是符合需要的。做企业也一样，不注重营销的战略地位，也就意味着你忽视了市场需求，主动选择放弃你的"衣食父母"——客户。纵观市场上那些成功的企业，没有哪家敢低估营销的力量。

市场营销谋划与企业战略规划紧密相关。企业战略是对企业总体性的谋划，在制定企业战略的时候，必须牢牢树立市场营销的中心地位，用市场营销的核心思维方式来思考战略问题。

　　营销似乎还没有引起公司管理层足够的重视，在很多公司营销都是被忽略的，它是处在这个公司的边缘地带，处在角落里，一般来讲它的预算都是花在广告、促销上的，而没有真正地提升到战略的高度。营销不光是一个功能，而应该看作带动整个公司发展的引擎，是它驱动着所有业务的增长。宝洁公司就是这样一个能够从战略角度上注重营销的优秀企业。

　　在同一领域成功地推出多品牌，是宝洁在品牌营销中的一大特点。宝洁的每一款产品的特性是各不相同的，没有完全相同的两款品牌，这正是考虑到市场本身的多元化以及消费者不同性格、不同喜好、不同偏爱、不同需求这一根本差别，宝洁不仅要力争满足全球消费者的共同需要，同时也尽力满足具体市场的独特需求。

　　2000 年以后，宝洁系列产品开始了不同程度的价格下调。由此，标志着其战略重心开始下沉。宝洁终于意识到了低端人群对公司的重要性。不仅如此，宝洁似乎还走得更远，它开始倾力打造自己的低价产品链。宝洁的目标不仅仅是赢取低端市场（城市）那么简单，它的目光已经瞄准了中国广大农村市场的纵深地带。

　　宝洁公司的市场竞争策略看似简单，看似轻描淡写，但其中内涵颇值得玩味。营销战略不是简单的"头痛医头，脚痛医脚"，而是在"以我为主"的同时，又能够审时度势，灵活机动地"见式破式，见招拆招"，充分体现了一个市场高手的大家风范。

　　营销不是简单的销售。在现代经济社会中，营销也不只局限于市场上的规划，还包含应对竞争对手的策略，以及满足公司长远战略计划的配套营销措施等。保洁公司就是从战略角度强化了营销的效果，才取得如此长久的成功。

　　从科特勒著名的 4P 理论出发，我们知道，传统营销的展开是围绕营销的四个组成要素：产品（product）、渠道（place）、价格（price）、促销（promotion）。战略营销也包括这些策略变量，但在某些重要的战略方面超出了传统营销的范围。

战略营销是营销思想发展的一个新阶段，它认识到以消费者为导向的营销观念忽视竞争的缺陷，特别强调消费者与竞争者之间的平衡。因此，战略营销，实质上是将营销提到战略高度的一种全方位的营销规划，是一种符合公司长期健康发展的营销需要。

营销点评：

忽视营销作用的公司必然走不长远，不能从战略角度来看待营销的企业，必不能做强。对待营销的态度，也决定着公司的未来。

◆ 不盈利，谈何营销

　　企业营销的目的就是开发市场、占有市场，帮助企业实现利润最大化。那么营销的使命究竟是什么呢？经典的理论认为，营销就是创造并积累价值，核心就是价值积累。换句浅白的话说，营销就是赚钱，也就是追求利润的最大化。"利润"，也称作"盈利""净收入"。追求利润最大化，并不是简单地使公司的收益最大化或成本最小化，因为如果生产销售得太多，也可能会牺牲企业的利润。同样，假如节省成本对企业的收益弊多利少，那么成本最小化就可能会降低企业利润。也就是说，追求利润的最大化，是指使企业营销的收益和成本之"差"最大化，而不是片面的收益最大化和成本最小化。或者可以说，无论企业在营销中用的是什么方式，只要能够长久以往地赚到钱，而不是短期行为，实际上就是在奠定实现营销利润最大化的基础。

　　要想实现最大的利润，就要为团队塑造共同的梦想。所有高瞻远瞩、长期发展的企业都有这样一种共性，就是在追求梦想中凝聚团队的力量，从而实现最大的利润，这也是企业营销的本质所在。创办企业的本质就是为了满足客户的需求，使企业利润最大化，从而实现创办者的梦想。

　　美国一家造船、码头公司的创办人亨廷顿这样说："我们要造出好船。如果可能的话，赚点钱；如果必要的话，赔点钱。但永远要造好船。"这句话被铭刻在公司最显眼的地方，成为企业文化和员工的信仰。追求梦想，凝聚团队力量，实现最大的利润，恰恰是企业营销所要达到的最终目的。

如果能明确认清企业营销的本质，懂得如何满足客户的最大需求，就一定能够实现巨大的利润。这就要求企业营销的决策者，能够很好地把企业的梦想与更多消费者的需求完美地结合在一起。领导者在企业营销中，如果能够旗帜鲜明地阐述共同追求的梦想，就能凝聚团队整体的力量，同舟共济开创辉煌业绩，最终美梦成真。

马云就非常懂得企业营销的本质，缔造了中国最大的电子商务帝国，帮助 1500 名员工实现了百万富翁的梦想，创造了中国商界的神话。他就是用自己的梦想，聚集一批有共同梦想的优秀团队，为满足消费者的需求而努力拼搏，短短的 7 年时间，凭借对美好未来的执着追求，在帮助客户实现梦想的同时，不断地塑造和实现了团队的一个又一个梦想。在卓越的营销理念中，团队所有的人都能为梦想而努力打拼，就会产生无穷的力量，共同创造巨大的利润，从而积累雄厚的资本。

企业要想保持长久、良好的营销，就必须紧紧抓住创造利润的核心大事。利润是企业营销的命脉，任何营销都要围绕着企业的利润而努力。不管企业有多么伟大的理想和信仰，利润都是企业营销得以持续发展的根本。很多公司为什么未成气候？就是因为在初期追求快速成长而高歌猛进，当营销达到一定规模时，才发觉收获不到应有的利润，缺乏持续的竞争力。

美国有一家默克公司，曾在第二次世界大战后，为了消灭危害日本的肺结核，将链霉素零利润引进了日本。这家公司并没有因此赚到一分钱，因为默克公司认为这与赚钱的目的并不冲突："我们始终不忘药品的要旨在于救人，不在于求利。但是，当我们满足了客户的需求后，利润会随之而来。如果我们记住这一点，绝对不会没有利润；我们记得越清楚，利润就越大。"事实也正是如此，默克公司如今已经成

为美国在日本最大的制药公司。默克公司成功的营销举措，很好地诠
释了企业营销的本质。

营销点评：

　　回报是营销的源泉，企业要满足客户需求，为客户
提供价值，不能做无用的事情。回报是维持市场关系的
必要条件，追求回报是营销发展的动力，营销的最终价
值在于其是否给企业带来收入能力。

◆ 制订合理的营销计划

在充满竞争的市场中，大小企业都在马不停蹄地开展营销活动，而结果却大相径庭。有的因此而叱咤商场；有的却如昙花一现，只能黯然地退出市场的舞台。对于企业管理者而言，那些营销失败的案例无疑是前车之鉴。

营销是否能"赢"，在营销之前就必须制定一份合理的营销计划。

所谓营销计划，是指在对企业市场营销环境进行调研分析的基础上，制定企业及各业务单位的对营销目标以及实现这一目标所应采取的策略、措施和步骤的明确规定和详细说明。这个听起来十分"简单"的营销计划到底有多大的威力，我们不妨用麦当劳的"阿凡达"营销计划来说明。

一款阿凡达变脸游戏"化身阿凡达"突然红遍网络，似乎每个人都想上传一张照片，然后把自己变成一个蓝皮肤黄眼睛的纳威人。游戏挂在麦当劳网站上，点击率的激增让这家快餐巨头一时间备感欣慰。

其实，这只是麦当劳"阿凡达"营销计划的一小部分而已。

麦当劳还推出了一个全球范围内的在线游戏——潘多拉任务，其中包含中文版。玩家可以进入丛林搜集目标物品：RDA 研究小组的背包、水壶，乃至印有巨大醒目金色拱门商标的麦当劳薯条、巨无霸……达成目标任务即可成为 RDA 小组成员，可这个游戏并不是这场计划的重点。在美国市场，巨无霸套餐随机附送八种麦当劳阿凡达激情卡（McDonald's Thrill Cards）之一，麦当劳为它专门制作了全球不同版本的电视广告。通过麦当劳网站下载软件进入"麦当劳幻境"游戏，将套餐中收到的卡片对准摄像头，人们就能用一个 3D 形象在电影《阿凡达》中所展示的潘多拉星球上探险。

电影《阿凡达》的导演卡梅隆很赞赏这次合作："麦当劳的顾客会觉得他们是电影中的一部分。在电影即将上映的时候，这种方式可以让人们对电影产生更大的兴趣与关注，这真是场具有创造性的营销计划！"

《阿凡达》仅上映 10 天就创下了 2.12 亿美元的票房收入。截至 2010 年 1 月 18 日，全球总票房突破 16 亿美元。尽管不知道麦当劳为这场营销花了多少钱，但有一点是肯定的，这份"完美"的营销计划无疑给麦当劳带来了丰厚的回报。

从麦当劳的"阿凡达"营销计划中，可以看出合理的营销计划对于企业开展营销活动的重要性，因而对总经理来说，他们更应关注如何让制定的营销计划合理可行，最终获得成功。

那么，制定合理的营销计划的前提条件是什么？

一套合理的营销计划，其灵魂在于策略的定位，一旦策略失误，即便执行得再好也会满盘皆输。营销计划的策略分为三个层次，即战略计划、执行计划和操作计划。

战略计划指明方向性的问题，是总经理在对影响企业发展的因素做全方位的思考以后所进行的总体部署。战略计划越清晰，对周围环境变化的反应就越敏捷，采取的措施也就越果断。

执行计划是对战略计划的贯彻落实，基本是在一年内对营销资源的规划、安排和使用。

操作计划是对执行计划的具体落实，操作计划并不完全是基层员工的职责，它需要发挥全员的智慧，并且利用企业原先积累的经验。操作计划制定的好坏可以衡量一个企业总经理掌控营销计划的能力。

然而操作计划更体现在细节之处，如果不注重细节，操作计划的失误就会使整个营销计划全盘泡汤。

美国企业家理查·史罗马指出："对一项营销计划，宁可延误其计划的时间以确保日后执行的成功，切勿在轮廓模糊之前就开始草率执行，这样最终会导致错失该方案的目标。"可见，营销计划要科学而清晰地执行。然而，在实际执行过程中却往往会出现这样的情况：营销部门强调了企业战略方向的重要性，但它实际上却没有那么大的权利来要求其他部门配合自己，这就导致在执行计划时营销部门总是与其他部门发生矛盾，力图证明自己才是确保企业竞争优势的关键。营销对企业的发展有至关重要的作用，这一点无可厚非，但如果技术部门、生产部门、客服部门不配合，同样也会使企业客户流失。这时，总经理就必须要协调好各部门之间的关系，做出正确的经营决策。

可以说，正确的战略是营销计划充分发挥作用的基础，一个完美的战略可以不必依靠完美的战术，但从另一个角度看，正确执行营销计划可以创造完美的战术，而完美的战术又可以弥补营销战略的欠缺，还能在一定程度上转化为营销战略。

营销点评：

　　理想的营销计划加之高效的执行力是营销成功不可或缺的因素。总经理要对整个营销过程进行掌控，制定合理的营销计划并进行有效的监控实施，协调各部门之间的关系，保证营销计划的高效执行。

◆ 组织好企业的营销体系

从营销的要素和功能上看，企业营销体系的框架是相对固定的，但从战略构想和目标来看，企业的营销体系则是动态变化的。随着市场环境的变化和企业的发展，企业必须根据战略的要求，不断对自己的营销体系进行调整，从而实现既定的战略目标。每家企业的营销体系各不相同，都必须根据企业的内外部环境进行综合设计，但是就营销运作的规律而言，每个企业在开展营销运作时都要遵循一些基本原则。

1.通过清晰的营销运作模式为企业的战略执行提供方法

有一句话说得好：思路决定出路。同样，战略将决定执行，而营销运作模式，则是实现战略意图的具体方式方法。

我们可以看到，每个企业都有自己的战略目标和构想，其中甚至不乏远见，可是，为什么最终能够实现目标、赢得领先地位的成功企业并不多？这其中的差异究竟在哪里？差异之处就在于模式。中国的企业家其实并不缺战略思想，他们缺乏的是有效转化战略的能力，想法人人有，可是要做到将想法变成现实，则是对中国企业的巨大考验。

真正推动企业获得成功的因素是——营销模式，每个成功企业都具备一种特定的营销运作模式，这种模式使得战略构想可以顺利地成为现实。举例而言，娃哈哈之所以比其他食品企业更为成功，是因为它建立了一种"二级联销体"的渠道运作模式，这种模式使其可以构建一张庞大的、低成本运作的渠道网络，从而可以比其他企业更快更广地将产品辐射到各级市场。蒙牛之所以获得传奇般的成长，是其建立了一套高效融资和具有资金纽带的渠道联盟体系，这套体系使蒙牛比其他企业可以更有效地操纵资源，而且具有强大的市场推广能力，从而在极短的时间里一跃而为乳业的强势品牌。相反，不成功的企业一定是因为缺乏一套清晰的营销运作模式，他们没有掌握使想法变成现实的魔力棒，而且，有的成功企业逐渐衰落，也是由于原本清晰的营销模式发生了混乱，变得模糊不清，不能有效地转化战略构想。

营销模式不是战略本身，而是关系战略实现的核心能力。模式的力量是强大的，它反映了企业价值链的增值过程，它不是企业营销业务的某个方面，而是贯穿于企业营销的关键业务过程，是对企业营销体系关键环节的整合。能否建立清晰的营销模式，取决于企业能否清晰地认识自己的营销战略构想，能否清晰认识到为实现战略目标而必须关注的关键业务。只有明晰了自己的营销模式，企业才知道自己应该在哪里构建核心能力，企业的失败，往往就在于未能打造出一种实现战略构想的能力。

那么，企业如何才能有效提炼出自身的营销模式并打造出核心能力呢？必须对营销业务过程的价值链进行透彻分析。通过全面分析营销价值链的各个环节，企业一方面可以全面掌握自身经营的实际状态，真正从本质上了解自己的核心能力；另一方面则可以与竞争对手或者标杆企业进行有效对比，真正发现双方营销模式及核心能力的差距所在，从而确定战略发展重点。

分析企业营销价值链的关键在于，要从产品的产生和传递入手，通过对产品价值的选择、提供和宣传等三个环节进行分析，了解企业在每个环节擅长做哪些事情，存在哪些优势，是如何做这些事情的，最终提炼出企业的营销模式。

在对营销价值链进行分析的过程中，要抓住两个关键：其一，要从总体上对企业在各环节中的关注重点分别加以确定，从企业的实际状况来看，究竟在哪个环节投入的精力较大，大体上占据了多大的比重；其二，要明确每个环节中具体的经营活动内容，并且也要确定企业在这些内容上下了多大的功夫，要在程度上进行具体评估。通过这两个方面的分析，企业就可以清晰地看到自己的核心能力存在于哪个价值链环节，又是通过哪些具体经营内容体现出来的，最终就可以从这些内容中总结提炼出企业的营销模式。

2. 通过高效的营销组织体系配合营销模式的运作

缺乏良好的营销组织体系，是很多企业缺乏战略执行的另一个关键原因。我们发现，有不少企业对于组织体系给战略执行带来的影响缺乏足够的认识，他们过于孤立地看待了战略构想本身，而忽视了实现战略目标所需要的内部环境和管理保障。

实质上，组织体系是企业确保营销模式有效运作而必须首先予以保障的条件，其目的在于为企业创造一个良好的内部环境，在这个环境中能够充分整合统筹其他所有资源，使核心能力能够得以发挥。构成组织体系的主要因素包括：职能定位、组织结构、部门设置、岗位设置、人员配备、岗位职责以及互动关系等，一个完善的营销组织体系，能够通过对关键业务的提炼，准确定位企业核心职能，构建起整个部门和职位体系，从而形成良好的管理平台，推动整体战略规划的有效执行。

缺乏相适应的组织体系，是很多企业的营销模式难以有效执行的关键原因。不少企业对于组织体系给营销模式带来的影响缺乏基本的认识，他们过于简单地看待了战略的执行，而忽视了营销模式运作所需要的内部环境和管理保障。

要保证营销模式的实施，企业必须建立起一套完善的保障体系，具体到营销组织体系而言，需要确定战略性、统筹性和辅助性三大类管理职能。其中，战略性职能在于保障整体战略规划的科学性和前瞻性，统筹性职能在于保障营销模式在运作过程中得到全面协调，而辅助性职能则在于为营销模式的运作提供后勤保障，从而使整个组织体系充分体现出专业性。

现实中许多企业在组织体系上的设置与战略执行是脱节的，比如，很多企业缺少专业的战略规划部门，未能体现出市场体系与销售体系的专业分工，造成销售部门缺乏战略在执行过程中的方向指导，无法做到"正确的事"；又如，不少企业缺少销售计划预测部门，整个企业的销售预测工作全凭感觉行事，造成企业在产、供、销、物的衔接过程中经常"掉链"，无法确保产能的均衡运作，更无法建立高效的供应链保障体系……这些问题都将大大弱化企业核心能力的作用。

一个完善的营销组织体系，应该通过对关键业务的提炼，准确定位企业核心职能，构建起整个部门和职位体系，从而形成良好的管理平台，推动整体战略构想的有效执行。很多企业都缺乏构建营销组织体系的能力，他们没有将组织的构建与战略构想和营销运作模式联结起来，只是单纯考虑了部门和岗位的设置，但是对整个组织缺乏策略性的考虑，因此组织体系并不能有效支持战略的执行。

营销点评：

所以，企业必须在营销运作模式的前提下，根据关键业务及核心职能来构建企业的组织，明确每个岗位详尽的工作职责，并且提炼出关键业务流程，清晰地描述出业务流程的具体运作过程，从而为组织的运行提供保障。

◆ 衬衫要和西服完美搭配

在营销学中，公司战略，即企业最高层面的战略，是根据企业的发展目标，选择企业可以竞争的区域和产品服务类型，从而合理地配置企业经营所必需的资源，使得企业各项业务相互支撑、相互协调。位于公司战略下面的是部门战略。部门战略是企业内职能部门制定的战略。职能部门更多的是作为事业部而存在或者为子公司经营活动提供辅助支持工作。因此，部门战略的制定也是为了更好地协调、支持经营战略，最终实现总体战略。

公司层面的战略相当于西服，而部门战略就像西服里面的衬衫。如果衬衫的颜色不能和西服的颜色完美搭配，穿出去就会遭人嘲笑。只有将二者完美结合，才能相得益彰。

宝洁公司董事长兼 CEO 雷富礼认为，组织系统和架构是支撑竞争优势的工具。他扫除了宝洁原来按国家划分的领地制度，代之以全球业务各部门组成的"矩阵"。这些部门分别管理不同产品领域，例如保健、美容、织物和家居护理用品等领域。同时，这些部门还与某个区域市场开发机构进行合作，从而更好地发挥各部门的潜力。

同样，在各大部门内部，小的职能部门之间也存在着相互的协调与合作。例如，在营销实施时，需要由成千上万的公司内部和外部人员做出日常决策并采取行动。这时，营销经理们不但要做出有关目标市场、品牌、包装、定价、促销以及销售的有关决策，还要与公司其他人员合作以获得他们对其产品和方案的支持。

比如，与设计人员讨论产品设计；与制造人员讨论生产和存货水平；与财务部门讨论资金筹措和现金流量等；与广告代理机构合作以策划广告活动；与媒体合作以获得公众支持，等等。正是这些部门、人员间的沟通合作，各自战略计划的协调统一，造就了宝洁公司组织结构的高效性，使其市场竞争力如虎添翼。

在公司战略的总体框架下，合理有效地发挥各部门的战略计划是对公司战略的强力支持。总体战略把握着公司未来的方向，而部门战略则可以及时有效地适应多元化的市场，协助公司战略的实施。一个从总体上指导，一个从具体上实行，只有两者各自发挥其特点，才能构建公司强大的战略体系。

公司各部门都是为实现公司的战略目标而设立的，它们都有着自己的战略计划。通过与公司的战略规划相协调，各部门可以发挥最大效用来为公司创造价值。

营销点评：

整体由部分构成，若各部分都能相互完美地协作，就会使得整体具有单个部分不具有的功能或效应。某一产品从生产到最后的销售，需要由许多部门相互合作才能完成。因此，在联系日益紧密的公司内部机构中，营销系统各层次的人员必须通过共同合作，才能成功地实施营销计划和战略。

第二章 营销战略成败的关键所在——总经理必须重视市场分析

企业经营决策的前提是市场调查，市场调查的主要内容是要对企业的市场营销环境进行调查、整理分类、研究和分析，并提出初步结论和建议，以供决策者进行经营决策时作为依据。

◆ 市场调研是不得不利用的手段

市场营销职能的管理就像行军打仗一样，开始于对企业情况的全面分析。企业必须分析市场和市场营销环境，以找到有吸引力的机会和避开环境中的威胁因素。除分析现有和可能的营销活动之外，企业还必须分析自己的强项和弱项，以便能选择最适合于企业的机会。市场营销分析向每一个营销管理职能部门反馈信息和其他情报，调研可以说是营销的起点。

有效的营销调研应按以下4个步骤进行。

1. 确定调研目标

营销调研的动因大多来自于某种问题或契机。譬如产品的销售量下降了。这样的问题或契机常常是引起营销调研的初始原因，但问题本身并不一定构成营销调研的主题，调研主题的确定还需要对问题进行分析和初步研究。企业必须明白，通过市场调查要解决什么问题，并把要解决的问题准确地传达给市场调查人员，这些目标一定要切实可行而且可以在短时间内完成，否则调查结果就会失去意义。

2. 制订调研方案

调研方案设计主要涉及以下内容：调研类型的确定，即决定需要什么类型的信息；资料收集手段的选择，即电话访问、邮寄问卷、个人访谈等；问卷的制定；样本的选择以及调研预算和时间的确定。

3. 实施调研计划

调研的执行基本上包括收集资料，资料的整理、分析、解释，最后书写调研报告并提交等几个步骤。这个过程可以由企业的调研人员进行，也可以由更专业的外部公司做，但不管由谁进行，企业都应密切关注现场工作以保证计划的有效执行。

4. 解释和汇报调研结果

调查人员需要解释自己的发现，得出结论，然后编写成调查报告提供给有关部门，以便做市场营销计划时参考。一般调研的汇报主要包括以下几方面的内容：调查报告摘要，调查的目的与范围，调查结果分析与结论，建议以及必要的附件，如附属表格、公式等。同时，调查人员不应该用数值和复杂的统计方法难倒管理人员，而是应该将有用的调查结果摆出来。最后，由于调研人员和管理人员都可能会对调研结果做出错误的解释，因此，他们必须一起讨论调查结果，双方要对调查过程和相应的决策共同负责。

没有调查就没有发言权，信息社会一切靠信息说话。快速消费品产业的特点是"快速"，一切都在"快速"的演变，不仅是消费需求，还有行业发展、竞争环境、销售渠道、广告媒介、市场份额都在快速的变化。动态的及时掌握各种市场信息，并及时的反应决策，是快速消费品产业的重要特性。

杭州娃哈哈集团有限公司创建于 1987 年，为中国最大全球第五的食品饮料生产企业，在销售收入、利润、利税等指标上已连续 11 年位居中国饮料行业首位，成为目前中国最大、效益最好、最具发展潜力的食品饮料企业。2010 年，全国民企 500 强排名第 8 位。

娃哈哈品牌为什么红遍大江南北呢，一方面，在于杭州娃哈哈集团有限公司董事长兼总经理宗庆后本人每年 200 多天市场一线的走访，访问经销商、零售商、消费者，观察自己和对手产品的铺市、陈列等，这本身就是市场调查的"深度访问法"、"观察法"。

另一方面，宗庆后很注意企业内部数据和营销情报的收集，这也是市场调查领域的核心内容。宗庆后其实是一个对数字极其重视、极其敏感的企业家！

每天晚上，无论在公司还是在遥远的国外，宗庆后必看三份报表："订单/回款日报表""发货日报表""生产日报表"，各省区必须以旬为时间单位上报各自客户的发货、库存、回款以及市场情报（特别是竞争对手主要活动），这些报表报告，宗庆后看的都很仔细。

娃哈哈从来不请专业的调研公司开展诸如"消费者U & A"之类的专业研究。宗庆后为什么不重视专业调查公司的研究数据呢？

除了对自己长期一线市场走访和内部数据情报积累的"直觉"判断自信外，还在于两点：

其一，市场调查公司在一线城市还算专业严谨，但是在大量的三线城市及农村乡镇，受技术、人员、费用等多方面的限制，许多市场调查报告的确反应不了真正的市场情况。比如当年乐百氏一直强调的乐百氏奶市场份额持续5年全国第一（源于全国商业系统的数据，该系统样本主要集中在大中城市），而实际是，娃哈哈果奶/AD钙奶的销量一直是乐百氏的两倍，"这样的数据有什么意义？说不定还误导决策。"这是宗庆后的务实。

其二，大型的专项定量调查动则数十上百万元。"太贵了，不值得，与娃哈哈艰苦奋斗，厉行节约的企业精神相背。""还不如自己调查划算。"这是宗庆后的勤俭。

娃哈哈曾在全国范围内大规模开展一次"娃哈哈果奶市场状况"专项调查。各部门抽调了30多名大学生，经宗庆后亲自培训后，派往全国各地，实地调查零售店，访问购买者；前后耗时40多天，调查消费者上万人，零售店铺5000多家，大学生调查总结分析报告100余份，而花费的仅仅是一点差旅费。宗庆后不仅得到了不少有价值的市场信息，而且从中发现了几个优秀人才，可谓一举三得。

可惜，这样的大型调查，在娃哈哈30年发展历程中屈指可数。绝大多数的市场决策，他还是依赖直觉。

直觉总有失灵的时候，年龄越大，跑市场的时间也越少，"年纪大了，直觉有点不灵了"，怎么办？当年"红豆沙、绿豆沙……"的失败，后来"娃哈哈童装""呦呦奶咖"的尴尬，是典型的不注重顾客消费心理研究，而盲目上市的结果。

因为不重视市场调查，那也就不重视目标顾客的心理研究，30年来，娃哈哈推出的产品从来没有什么目标顾客的详细描述、定位之类的。这意味着，娃哈哈用产品来吸引各种各样的人群来消费，而不是事先锁定了消费人群，本末倒置，这在外企一些正规军看来，简直不可思议，但这是事实。

不仅是外企，联想、海尔、伊利、蒙牛……国内绝大多数著名的企业，都重视与市场调研公司的联系，重视消费群体的心理和行为研究，重视专业市调数据的分析、运用。

娃哈哈，还是回归到专业的科学的市场调查与研究吧。

与专业的市场调查公司合作，采用"入户访问、街头拦截、电话访问"等"定量调查"以及"焦点小组座谈""深度访谈"等"定性"调查等，开展持续的消费者研究，渠道研究，品牌研究，媒介投放效果研究，竞争力研究等等，虽然贵了点，只要懂得分析，运用，这些数据会明显提升企业市场决策的科学性、正确性。花费的可能是几十万元的费用，避免的可是数百上千万元的损失。

营销点评：

市场营销调研是针对企业特定的营销问题，采用科学的研究方法，系统地、客观地收集、整理、分析、解释和沟通有关市场营销各方面的信息，为营销管理者制定、评估和改进营销决策提供依据。

◆ 做好区域市场调研

对区域市场的营销经理来说，做好一个区域市场，不管是新市场还是老市场，都需要做调研。有些是基础调研，有些是专项调研，但都需要做。一般来说，对于新的区域市场，我们要全面走访，定性调研、定量调研相结合，以定性调研为主。

对企业的业务员来说，我们很难在新产品上市时调整包装、出厂价、味道，能最大限度调整的是产品的市场运作架构、渠道结构、渠道（终端）、宣传等。所以，定性研究对区域业务员来说很重要，不要陷入定性研究不科学、数学模型更科学的误区。在国内市场的消费者和渠道并非市场化或很成熟的情况下，运用定量的数据模型并不能反映真实的市场现状，而且消费者和渠道商的心里是很难通过量化模式得出正确结论的。

一、了解经销商的代理意愿

消费品终端太多、太散，很难通过自身的力量实现完全覆盖。千万不要跟我说"消费者最重要，我们最终要抓住忠诚消费者"这样的陈词滥调，如果你运作过市场，你就会明白，一个合适的代理商对你有多么重要。

你应该先去批发市场或同类产品的经销商处看看，当然，可以"谎"称你是某竞品的业务员（该经销商没有代理竞品），先打探一下虚实，看看这个经销商的兴趣、实力、思路。如果该经销商有兴趣和意愿，就亮明身份并表示歉意（一般来说，经销商会理解的）。接下来就好谈了，你要说明公司的主要政策和要求，如果经销商的意愿很强，就可以谈细节问题。

要探明经销商对市场的看法和思路（要谈透彻），因为他了解同类品牌的做法、销量等。然后，你再走访主要的批发商，该市场的基本情况就会了然于胸。

二、分类走访终端

走访终端不是去终端看看，也不在乎走访了多少家终端，关键是走访质量如何。"闲时"走访，如一些产品的终端——餐馆，一般在午饭前、晚餐前走访，最好是晚餐前（很多老板早上没有起床）走访，这样，终端老板才会有时间"招呼"你。

询问终端老板对主要竞争品牌的看法和运作方法。通过终端老板反映消费者对竞争品牌的看法，再仔细查看陈列、空箱、礼品、赠品、促销情况、海报张贴、生动化、签订的协议，以及主要品牌的大致销售情况等。去终端不要只问："老板，这个产品好卖吗?"老板会很烦的，会想：好不好卖关你什么事?

产品的突破口在哪? 一般来说，快消品主要是对终端进行突破。看消费者集中在哪些终端，有了接触点就好找了，然后分类，分别走访餐馆、酒楼、夜市、超市等。

分析这些终端对产品上市的影响程度，哪些行业集中，便于上市突破；哪些是第二步才能进入的终端。有人喜欢说消费者多么重要，开口必是消费者，但新产品上市后立刻开展消费者促销活动的效果并不好。

原因是什么?

一个新产品，除了以前的大量广告拉动、炒作外，很难通过单纯的广告营销起到绝对制胜的作用。也就是说，广告制胜的时代已经远去，消费者并不是看到产品就会买的，需要有一个过程，这个过程是先获得关注——知道、然后是感受——兴趣、再产生需求——欲望、最后才是行动——购买。从这个过程可以看出，新产品上市首先要让消费者关注，等消费者产生了较强的欲望再促销的效果就会很好。所以，产品上市立即做促销的效果并不好。

　　刚上市就打折的产品卖得好吗？你作为一个普通的消费者会买吗？大多数人是不会的，因为他们不知道这个产品值多少钱，打折对他们没有价值感可言（体会不到降价带来的实惠）。终端激励不仅仅是"做终端找死，不做终端等死"那么简单，因为它是产品顺利上市的重要一环，缺少了这一环，产品在承上（代理商）和启下（连接消费者）环节都会出问题。这一环是让消费者产生欲望进而购买的重要组成部分。

三、策略性的消费者调查

　　如果你在街上拦住一个消费者问："这个产品好不好？"一般很难得到正确的答案，要么人家不理你，要么应付你。如果你召集一些消费者开座谈会，大多数消费者会给你面子，说："还不错。"所以，作为区域市场业务员，你要"扮"成消费者和他们聊天，让他们没有戒备心理，在轻松的氛围中说出真实想法，这样才能获得真实的答案。

　　你可以去消费场所看看他们在消费什么？在不同场所消费的品牌或产品是否一致？只有这样，你才能知道产品上市经过渠道、终端后，采用什么方式开展消费者拉动活动，才能实现目标消费者的持续消费目的。

　　最后，还得引用宗庆后先生说过的话："对于市场，我跟着感觉走。"很多人批判这句话，也有很多人不以为然。但这句话的背后包含了太多的深意，你去了解一下，难道宗庆后真的是坐在家里"跟着感觉走"，才做出那么大的市场的吗？绝对不是，他每年有200多天都在出差，把根深深扎在了市场，无论是媒体、渠道、终端、消费者，都在他的"感觉中"，这才是真正的市场调研、市场调查，比起所谓的"突击型"定量研究、定性研究，不知道要高明多少倍！

营销点评：

业务员怎么对区域市场进行市场调研？其实就是你对这个市场的"感觉"，你能把握、控制，甚至领导这个市场的"感觉"。

◆ 市场细分有助于发现市场机会

市场细分（market segmental）由在一个市场上有可识别的相同的欲望、购买能力、地理位置、购买态度和购买习惯的大量人群组成。一个汽车公司应辨认出寻求基本运输的低成本汽车购买者和寻求豪华汽车者。

市场细分最早是美国营销学家史密斯于 20 世纪 50 年代提出的一个崭新的营销概念。它是现代企业营销观念的一大进步，是顺应新的市场态势应运而生的，是现代社会消费者需求差异化和多样化的反映。

企业经营者通过营销调研，依据消费者的需求与欲望、购买行为和购买习惯等方面的明显的差异性，把某一产品的市场整体划分为若干个消费者群的市场分类过程，就是市场细分的过程。在这一过程中，每一个消费者群就是一个细分市场，或者说每一个细分市场都是由具有类似需求倾向的消费者构成的群体。

早在 70 年代初，可口可乐公司就开始尝试在办公室设置机售系统，但终因系统占用场地太多和需要巨大的二氧化碳容器来产生碳酸而告吹。其他公司进入办公市场的尝试也屡屡受挫，因为他们要求工作人员自己来调和糖浆与水。

在市场份额日益缩减的紧迫形势下，可口可乐公司加快了开发的步伐，并着手开发一个新产品——"休息伴"。"休息伴"的原则应是使用方便、占地不大、可放于任何地方的机售喷射系统装置。为完成这项计划，可口可乐公司特邀德国西门子股份公司加盟制造这种机售喷射系统装置，同时为"休息伴"申请了专利。

可口可乐研制出的"休息伴"同微波炉大小相似，装满时重量为78磅。顾客可以把自我冷却的"休息伴"连接在水源上或是贮水箱上。机器上装有3个糖浆罐与"休息伴"匹配，同时还配有一个可调制250份饮料的罐体，只要一按按钮水流就从冷却区流入混合管，同时二氧化碳注入就形成了碳酸饮料。由于每一次触键选定的糖浆量需要配以合适数量的苏打，西门子公司在机器上安装了一个指示灯，在二氧化碳瓶用空时亮灯显示。机器上还装有投币器，在买可乐时，可以投入5分、1角或2角5分的硬币。由于机器输出的饮料只有华氏32度，因此也无须另加冰块。

1992年7月，经历了20多年的研制的新型可乐分售机在30多个国家推广试用，耗资巨大，被产业观察家称为软饮料史上史无前例的一项开发。全美范围内的小型办公场所安装了35000个"休息伴（Breakmate）"，办公室人员足不出户就可以享用可口可乐饮料。

可口可乐公司继续发展着"休息伴"的细分市场。经过3年的市场试销，可口可乐公司在分销渠道的设计、市场的细分等方面积累了大量的经验。在试销过程中，可口可乐公司为寻找"休息伴"的最终目标市场，不断改进其细分策略。最初的一项调查表明，将"休息伴"置于20人或20人以上的办公场地可以获得相当的利润，因此公司欲以20～45人的办公室作为目标市场。然而，这就意味着可口可乐公司将丧失掉100多万个不足20人的办公室这一巨大市场，显然这一目标市场不合情理。可口可乐公司通过进一步调研、分析，发现小型办公室的数量大有增长之势，并证明对于那些经常有人员流动的办公室，"休息伴"只需5人使用就可赢利。加上分销商还可将机器安装在大型办公室里，使得雇员们随时可以得到可口可乐的饮料。

可口可乐的成功在于进行了正确的市场细分。它的细分是具有可量性，可接近性和可实施性的。可口可乐通过一系列的营销活动及不断改进，在市场细分中取得了巨大的成就。可口可乐的成功经验告诉我们，企业面对错综复杂的市场和需求各异的消费者，不可能满足所有顾客的整体要求，并为其提供有效的服务，所以，企业要在分析市场的基础上进行细分，并选择一部分顾客作为其服务对象。

不同产品市场需求量和它的满足程度是有差异的，同一类产品的不同规格型号也是如此。没有得到满足的消费者需求就是企业的环境机会，这种环境机会能否成为某企业的最优市场机会，取决于以下三项条件：

第一，该企业的资源潜力能否去满足这种需求；

第二，该企业能否捷足先登；

第三，如有若干个企业都可能进入这个市场，则要看该企业利用这个机会是否比其他企业占优势。

经过对消费者进行差异化细分及上述三个方面的衡量与比较，就可以使企业发现最优的市场机会。

营销点评：

市场细分能够帮助企业在充分认识消费者需求差异的基础上，选择适合企业自身条件的目标市场，使企业能在充分发挥资源优势的前提下为顾客提供差异化的产品和服务。

◆ 市场细分，有效提高企业效益

除了为企业更好地提升竞争力、进行营销决策之外，市场细分还能够有效地提高企业的经济效益和社会效益。

宝洁公司出售八种品牌的香皂，六种洗发香波，四种液体碗碟清洁剂，四种牙膏，四种咖啡，三种地板清洁剂，三种卫生纸，两种除臭剂，两种食用油，两种织物柔软剂，两种一次性尿片。更夸张的是，宝洁公司生产的洗衣清洁剂品牌高达十一种。所有这些宝洁品牌都摆在同一超市的货架上相互竞争。

为什么宝洁公司要在同一类产品中推出好几种品牌，而不是集中精力推出一种领导品牌呢？答案在于不同的消费者希望从购买的产品中获得不同的利益组合。

以洗衣粉市场为例，消费者使用洗衣粉的目的不仅是为了使衣物干净，他们还想从洗衣粉中得到些别的东西，如经济实用、漂白、柔软织物、新鲜的气味、强力或中性、泡沫多等。消费者想从洗衣粉中或多或少地得到上述的每一种利益，只是对每种利益有不同的侧重而已。对有些消费者而言，清洁和漂白最重要；对一些消费者而言，柔软织物最重要；还有一些消费者则想要中性，有新鲜香味的洗衣粉。因此，洗衣粉购买者中存在不同的群体或细分市场，并且每个细分市场寻求各自特殊的利益组合。

针对消费者对洗衣粉需求和利益的差异，宝洁公司至少已找到十一个重要的洗衣粉细分市场以及无数的亚细分市场，并且已经开发了满足每个细分市场特殊需要的不同品牌。十一种宝洁品牌针对不同的细分市场分别进行市场定位。

通过对洗衣粉市场进行差异化细分和采用多种洗衣粉品牌，宝洁公司吸引了所有重要偏好群体中的消费者。其品牌总和在32亿美元的美国洗衣粉市场中取得了53%的市场份额，大大超过了仅凭一种品牌所能得到的市场份额。

宝洁通过合理科学的市场细分不仅有效促进了产品销售，同时在整个洗涤市场中占据了霸主地位，大大提高了自身的经济地位与社会定位。

市场细分对提高企业经济效益的作用主要表现在两个方面：一是通过市场细分，确立目标市场，然后把企业的人力、物力、财力集中投入目标市场，形成经营上的规模优势，取得理想的经济效益；二是在市场细分之后，企业可以面对自己的市场，生产出适应消费者需求的产品。只要产品能够满足该细分市场上的消费者需求，就能加速商品周转，提高资金利用率，从而降低销售成本，提高企业经济效益。

同时，细分后的市场小而具体，经营者可以深入细致地探求每个细分市场中的潜在需求，研究该市场的发展趋势、潜在需求量的大小、需要提供什么样的产品和服务，等等。企业可以根据潜在市场的需要，有针对性地去开发新市场，使潜在需求尽快地转化为现实需求。这样，既能为企业带来新的顾客，达到扩大销售、增加赢利的目的，又满足了潜在消费者的需求而受到消费者的欢迎，实现企业经营的社会效益。

营销点评：

营销者不能创造细分市场，营销者的任务是辨别细分市场并决定以某些子市场作为目标市场。

◆ 做市场就是编网

著名营销大师卢泰宏先生曾经讲过一个亲身经历的故事。

2003 年 8 月 18 日我到新疆伊利出差。大家知道这个地理位置非常偏远，在新疆的西北，离伊利还有三十几公里的地方，我们停车下来想找点吃的，最后找到一家夫妻饮食店，我们发现窗台上摆着十几个瓶子，以娃哈哈居多。这已经说明娃哈哈的竞争力和它的做通路的力量。

"在西藏那曲，地上除了牛粪就是娃哈哈的瓶子。"这是宗庆后曾经自豪说过的一句名言。

在业界，宗庆后被称作"编网大师"，而娃哈哈之所以不倒，赖以成名的正是宗庆后所编造的这个无孔不入的市场营销网络。同中国饮料界其他企业相比，娃哈哈的人才、技术、设备，以及极具美誉度的品牌管理堪称一流。但娃哈哈在中国饮料业的风火 23 年中，真正具有杀伤力的，还是娃哈哈的网络优势。

虽有高处不胜寒的孤独，但是一贯低调的宗庆后并没有像张瑞敏那样把"战战兢兢，如履薄冰"挂在案头，多年来，始终挂在他墙上的是一张世界地图。素有"空中飞人"之称的宗庆后虽然不可能像可口可乐总裁那样可以享受公务飞机和豪华套房，但他仍然每年多天奔波在这张地图上的某个点与点之间，了解市场，了解中国的消费者。

把价值 60 亿元的饮料卖到全中国，需要多少营销人员？我的答案是 2000 人。比起三株 15 万营销大军来，这 2000 人不多；比起号称"黄埔军校"的可口可乐来，这 2000 人学历不高，但是这支精干的队伍却能够屡建奇功。

这张营销网络的主体由娃哈哈各级公司与2000个一批商以及更为众多的二批商、三批商和销售终端组成。娃哈哈人将之称为联销体，其核心是在销售的各个环节形成严格合理的价差梯度，保证有序的利益分配，充分调动营销网络各个结点的积极性，风险共担，利益共享。与近年名噪一时的"三株模式"等相比，娃哈哈联销体没有出现规模庞大的"恐龙化"，避免了因营销战线过长、管理脱链而一夜崩盘。恰恰相反，娃哈哈联销体呈现出了有序、持久的市场渗透力和市场控制力。

一家西方媒体在宗庆后专访中评点说，这位中国经营大师的神奇之处，在于他是一位真正的市场网络"编织大师"，他把许多外来的跨国公司很不容易看懂的东方市场——尤其是农村和城镇市场——玩得出神入化。

中国幅员辽阔，在这个辽阔的疆域、巨大的市场里，如何才能营造全国知名的品牌？怎样能让全中国几百万个城乡小店的柜台上一周之内都摆上你的产品？

娃哈哈遍布全国城乡、无以匹敌的强势销售网络，是娃哈哈独有的强势所在，也可以说为消费者提供便利是娃哈哈品牌竞争制胜的关键之所在。

我们是从1996年开始建立这个网络的。其实，娃哈哈最早是从城市市场起步的，当时国家的网络很健全，糖烟酒啊，副食品啦，我们当时做的第一个产品是儿童营养液，靠的就是这个网络。如果这个市场健康发展下去，什么国外的产品都打不进来。改革开放以后，义乌开始做批发市场，价格便宜，很快国营的经销网络被批发市场和代理商挤垮了。我们很快意识到形势的变化，立即转型，于是开始有了这个网络。几年下来，大家合作得十分愉快，也就有了信任和忠诚度。

当年宗庆后要搞非常可乐，十个人中有九个人劝阻宗庆后，宗庆后成竹在胸："我有联销体，怕可口可乐什么！"几年之后，宗庆后又要搞童装，又是许多人出来劝，专家、学者也对此予以了激烈的质疑：从饮料到童装，品牌延伸并不容易联结，娃哈哈此举风险与机遇同样很大。宗庆后在记者招待会上对此放言：娃哈哈的通路优势会成为娃哈哈童装制胜的法宝。

在企业的每一次重大转折点，宗庆后都把宝押在他的通路优势上。

从 1994 年始，娃哈哈就成了中国最大的饮料企业。因此，娃哈哈往往是新起群雄的首攻之选。近年以来，娃哈哈年年风波不断，其实，"树欲静而风不止"，在所有的商战中，除去娃哈哈推出"非常可乐"属主动挑战可口可乐之外，其余均为被动迎战。

作为市场领跑型企业，决策者最为重视的一个课题就是如何避免剧烈的市场动荡和过度竞争，维护市场的稳定。

通路，也叫渠道、分销。如同血管是人体新陈代谢的通道一样，通路是企业在市场经济大潮中赖以生存的生命河。通路的畅通与否，极大地影响着企业的成败。从这个意义上说，将通路列为企业最大的营销难题并不为过。

营销当然不是真空状态下的没有竞争的营销。而在竞争异常的氛围中，如何让自己的营销规避风险？很多人认为，就是给营销链中的每一个经销商更大的利益诱惑，其实这个理念是有缺陷的。宗庆后认为对一个成熟的经销商而言，与超额利润相比，他更渴望的是一个长期而稳定的合作同盟和收益来源。营销安全的根本是市场的秩序，是整个营销通路的每一个环节的有序互动和相互职责的确定化，而这一秩序的发起和治理者，便应当是品牌生产商。在未来的市场竞争中，那种粗放式的营销通路模式显然已经不适应了，每一个市场决策者都在寻找着适合自己的更为经济、更为简捷而又更为高效安全的新模式。

中国市场的必胜之门在哪里？很多企业都在进行着各自的"营销通路革命"。如海尔的张瑞敏提出了他的"市场链新理论"，康佳宣称将利用互联网建立一个"网络化销售管理系统"，后起的国美、苏宁等商业企业则豪情万丈地试图构建一个"一体化的全国家电配送销售体系"。

中国市场的通路之争，首先将在批发环节展开。中国是一个地域广大的市场，各省、各地区情况迥然不同，大部分企业的触角只能到达一级（大城市）市场，而在二、三级（城镇及农村）市场，仅靠企业自身的力量是无法覆盖的，这时候通路就显得尤为重要。娃哈哈主要就是从二、三级市场入手，开始自己的编网工程。

宗庆后理想中的娃哈哈网络是这样的：娃哈哈在一个区域内只选择一个批发商，该一批发商只卖货给自己的二批发商，二批发商只向划定区域内的三批发商和零售店销售。整个销售是在一个近乎全封闭的、规范化的系统内进行的。这可能是当今中国市场上最具雄心和创造力的一个分销试验。

一旦这一分销网络大功告成，价格的规范和产品的推广自然可以收放自如，用宗庆后自己的话说就是"想怎么打，就怎么打"。

营销点评：

企业的市场占有率越高，其投资收益相应就越大。

市场领导者企业可以利用经济规模的优势，降低成本，扩大市场占有率。

◆ 建立营销信息系统，为企业的决策服务

营销信息系统的出现，大大改善了营销信息的应用效率。营销信息系统中的数据主要来源于公司内部数据库、营销情报信息以及营销调研所获得的信息等。

现代企业开展市场营销活动，离不开人、财、物等方面的资源，尤其是信息资源。随着企业市场活动范围的不断扩大，在不断面对新的环境时，也需要收集、加工许多新的信息；另外，消费者对产品与服务的需求也越来越多样化，这也就决定了市场的多元化趋势，企业面对的市场信息也愈加复杂。因此，企业为了求得更好的生存与发展，就必须建立起高效的市场营销信息系统，通过系统的分析和研究来提高信息的质量，为企业的经营决策服务，达到提高其经营能力和竞争能力的目的。

湖南九芝堂股份有限公司是国家重点中药企业，创建于1650年，是中国著名老字号，并已在深交所上市。这样的一家老牌企业，在信息化方面却一点也没有"老"的迹象，尤其是其完善的营销信息系统。

九芝堂营销管理信息系统囊括了业务管理、仓库管理、账务管理、客户管理、领导查询、费用管理、计划管理、系统管理等八大子系统，基本涵盖了营销业务领域的方方面面，实现了以事务为基础，以客户为中心，确保账账相符，账实一致的营销管理指导思想。系统通过周密细致的客户分析可以使业务会计将注意力集中在20% 能带来80% 效益的客户上，从而对业务进行指导和监督、审核，并通过实时的库存

管理，有效地对库存进行控制，从而减少库存损失，减少不合理的库存占用资金，盘活和提高资金的周转率；通过数据的安全性控制可以将过于集中的营销管理职能适当的分离出去，从而减少内勤部工作压力，提高内勤部的综合战斗力。

使用营销信息系统后，企业在发货单、发票、结算单等单据登账时速度比原系统提高30多倍；在查询、数据分析时的速度远也比原来高很多，同时配合多达400多个实用报表的使用，使得营销中心在每月结算时所用的时间比原来减少一倍多。营销部门在使用此系统后，将原先3671个客户集中到865个客户进行管理，减少了此方面所带来的呆账、烂账等问题。

通过上面的例子可见，作为连接企业和营销环境的纽带的营销信息系统，对企业的决策和经营活动起着重要的作用，而且也是企业提高核心竞争力的有力保证。由于不同企业的信息需求不同，营销信息绝不是越多越好。除了不同企业的不同需求外，在成本和技术上也有很多限制。首先，收集成本和处理分析成本高，另外，海量信息还需要高超的数据挖掘技术，而且如果应用不当，极易让企业掉入信息陷阱而误导决策，从而带来损失。

大企业需要处理的营销信息很广泛，而且量大，处理起来就比较麻烦，重要数据还容易丢失，所以必须要建立营销信息系统，才能高效地处理数据并及时地服务于决策；对于中小企业来说，建立相对简单的营销信息系统，同样可以提升营销决策的质量。建立营销信息系统是企业处理营销信息的必然趋势，就好比在冬天，棉衣和羽绒服是必备的，然而购买多大型号，何种材料、款式和颜色，这就需要你"量体裁衣"了。

营销点评：

一个好的营销信息系统能够在经理们想要得到的信息和他们真正需要、又能得到的信息之间找到均衡点。营销信息系统也可以为外部的合伙人，如供应商或营销服务机构提供信息。甚至有些重要的顾客也可以使用有限的信息系统。

第三章 满足需求，凸显核心价值——总经理要找准产品定位

企业的市场定位也不是一成不变的，随着市场的发展，人们消费需求的变化，企业可以适当调整产品定位，让产品重新赢得顾客的喜欢。

◆ 差异化营销能带来不同凡响

差异化营销，核心思想是"细分市场，针对目标消费群进行定位，导入品牌，树立形象"。是在市场细分的基础上，针对目标市场的个性化需求，通过品牌定位与传播，赋予品牌独特的价值，树立鲜明的形象，建立品牌的差异化和个性化核心竞争优势。

差异化营销的关键是积极寻找市场空白点，选择目标市场，挖掘消费者尚未满足的个性化需求，开发产品的新功能，赋予品牌新的价值。差异化营销的依据，是市场消费需求的多样化特性。不同的消费者具有不同的爱好、不同的个性、不同的价值取向、不同的收入水平和不同的消费理念等，从而决定了他们对产品品牌有不同的需求侧重，这就是为什么需要进行差异化营销的原因。

江湖上寄望于击败武林盟主而一举成名者不少，但最终谁是老大仍是凭实力决定。年销售额为2亿的金娃虽然位列果冻市场次席，但要挑战年销售额为15亿元的喜之郎，在许多人看来无异于以卵击石。

金娃能将喜之郎从老大的位置拉下马来吗？

要完成这个似乎是不可能完成的任务，最好的制胜之道是找准喜之郎的命门，全力进攻。但喜之郎的命门在哪里？

从喜之郎的广告风格看上，其诉求是营造温馨祥和的欢乐气氛，以情动人，但却很少在功能上进行诉求，使消费者对于喜之郎作为产品的特性并不了解。其品牌内涵过于空洞，一旦缺乏大量的广告支持就撑不起来。

另据调查，果冻有近90%的消费者是儿童，而真正的购买者——家长考虑更多的却是安全、营养。在金娃的调查中，家长们几乎无一例外地对孩子零食的营养状况表示担忧。他们非常关注小食品对于儿童的健康影响，但是他们对此基本是一无所知，因而也无从选择。

对此，营销专家建议金娃以功能为诉求点，进行高度差异化营销。营造"功能性营养果冻"的概念，将目标瞄准真正的购买者。

基本方向确定后，金娃采取了一系列针对性的进攻措施：

在"功能性营养果冻"的旗帜下，金娃的新广告片完全体现了金娃"功能性营养果冻"的定位，诉求点非常鲜明。

在产品上，金娃的强大研发能力与"功能性营养果冻"定位开始紧密结合。"伊人芦荟"的诞生就是一个极好的例子。"伊人芦荟"的对手是喜之郎的"水晶之恋"，都是针对年轻女性消费者，但是"伊人芦荟"的定位却是"含有可以美容养颜的芦荟的非常适合女性的产品"。与"水晶之恋"相比，"伊人芦荟"无疑有非常独特的利益点，差异化的优势非常明显。

针对金娃广告投放量很少的不足，金娃的解决之道是从经销商的利益着手。金娃的成本相对于对手较低，从而使它具备了向经销商让利的可能，牺牲部分利润对经销商让利的策略，十分有利于加速网络的铺设。

田忌赛马，弱者也可反败为胜。

商战中以弱胜强的关键是，找准对手的缺陷，以己之长攻其短。这是不服输的表现，也是思维创新的结果。

营销点评：

对于一般商品来讲，差异总是存在的，只是大小强弱不同而已。而差异化营销所追求的"差异"是产品的"不完全替代性"，即企业凭借自身的技术优势和管理优势，生产出在性能上、质量上优于市场上现有水平的产品；或是在销售方面，通过有特色的宣传活动、灵活的推销手段、周到的售后服务，在消费者心目中树立起不同一般的形象。

◆ 包装设计的创意定位策略

随着我国物质生活日益丰富，人民购买力的不断提高，以及加入WTO国际贸易的不断增加，同类产品的差异性减少，品牌之间使用价值的同质性大，因此对消费者而言：什么样的产品能吸引住他们的注意，什么样的产品能让其选择购买，这就对同类产品的包装设计提出了更高的要求，只有在包装设计的创意定位策略上下功夫，这样才能使自己的产品"白里透红，与众不同"。

创意定位策略在包装设计的整个运作过程中占有极其重要的地位，包装设计的创造性成分主要体现在设计策略性创意上。所谓创意，它最基本的含义是指创造性的主意，一个好的点子，一个别人没有过的东西。当然这个东西不是无中生有的，而是在已有的经验材料的基础上加以重新组合。定位策略是一种具有战略眼光的设计策略，他具有前瞻性、目的性、针对性、功利性的特点，当然它也有局限性。创意定位策略成功包装设计的最核心本质的因素中，以下几种包装创意定位策略在包装设计中起着举足轻重的地位。

1. 产品性能上的差异化策略

产品性能上的差异化策略，也就是找出同类产品所不具有的独特性作为创意设计重点。对产品功能即性能的研究是品牌走向市场、走向消费者的第一前提。例"白加黑"感冒药，白天服白片不瞌睡，晚上服黑片睡得香，由于在产品功能、特性上与传统的感冒药相区别，特别是药片设计和外包装设计围绕着黑白2色做文章，使该产品相对于其他同类产品在市场上就容易争得有利的位置。有些同类产品质量相当，各自的表达方式也很接近，如何突出与众不同的特点，在设计时就不能放过任何微小的特点。例如汰渍、威白、雕牌等洗衣粉的包装设计。绝大多数洗衣粉在包装的设计定位上强调干净、清洁、清爽、洁静，因此在包装设计的色彩上都采用绿色、蓝色、青色等与白色搭配，以突出其定位思想，而其中的汰渍洗衣粉则采用了橙红色系列以突出产品的活力性、高效性。由于大量洗衣粉包装采用冷色调，这样作为在色彩上与之对比强烈的暖色产品当然引人注目了，就好像"万绿丛中一点红"。

2. 产品销售的差异化策略

产品销售的差异化策略主要是指找寻产品在销售对象、销售目标、销售方式等方面的差异性。产品主要是针对哪些层次的消费群体，也就是社会阶层定位，消费对象是男人还是女人，是青年、儿童还是老人，以及不同的文化，不同的社会地位，不同的生活习惯，不同的心理需求，产品的销售区域、销售范围、销售方式等都影响和制约着包装设计的方方面面。儿童用品主要的消费群体是儿童，但购买对象除了目标消费群体的儿童以外最主要的购买群体是他们的父母和长辈，因此在包装设计的时候除了在图形、色彩、文字、编排上考虑儿童的喜好外，还要考虑其父母和长辈望子成龙的心理。因此有些商品在包装上印刷一些富有知识或趣味的小故事，虽然这些内容和产品并不是很相干，但确切中了父母们关注孩子智力发展的心理。

从销售方式上看：一是它的销售渠道，二是它的销售方式，不同的产品在不同的时期、不同的环境、不同的季节等都会采用不同的销售方式和目标。例如雀巢咖啡曾在中国传统的中秋佳节推出了"缤纷选择，雀巢有礼"的大型酬宾活动，十几种产品不仅都换上了中国传统的大红外套包装，并配有中秋月圆的图形和字样，而且还有惊喜和礼品相送，为激烈的月饼大战平添了一道亮丽的风景线，也为消费者提供了新的人际交往理念。

3. 产品外形差异化策略

产品外型差异化策略就是寻找产品在包装外观造型，包装结构设计等方面的差异性，从而突出自身产品的特色。

例如纸盒的包装结构设计多至上百种，选用何种结构来突出产品的特色以及强烈的视觉冲击力，是选用三角形为基本平面，还是选用四角形或五角形，或者梯形、圆柱形、弧形或异形等为基本平面。在选择产品外观造型时，一是要考虑产品的保护功能，二是要考虑其便利功能，当然也包括了外观造型的美化功能。喜之郎果冻之水晶之恋的心型系列外包装，虽然其电视广告宣传有点东施效颦电影泰坦尼克号的情节，但是其商品的包装却是一件成功之作。水晶之恋系列包装它不仅唤起了显在的消费群体的注意，而且还唤起了潜在消费群体的注意，产品的目标对象也从儿童扩大到一切相恋的群体。这一切都归功于水晶之恋的心型包装设计定位以及品牌定位。

4. 价格差异化策略

价格是商品买卖双方关注的焦点，也是影响产品销售的一个重要因素。日本学者仁科贞文认为："一般人难以正确评价商品的质量时，常常把价格高低当作评价质量优劣的尺度。在这种情况下确定价格会决定品牌的档次，也影响到对其他特性的评价。"价格定位的目的是为了促销、增加利润，因为不同的阶层有不同的消费水平，任何一个价位都拥有相关的消费群体。例如"金利来，男人的世界"，从他的价格定位来看是男装的中高档产品，该公司认为产品的价格虽然高一点，但这是展示一个人身份的标志，价格高一点也有相应的消费群。在产品的外包装设计上为了突出其品牌定位，消费者看到的不仅是产品所拥有的品牌的自然价值，而且还看到了其拥有的精神价值。

5. 品牌形象策略

随着经济的不断发展，任何一种畅销的产品都会迅速导致大量企业蜂拥同一市场，产品之间的可识别的差异变得越来越模糊，产品使用价值的差别也越发显得微不足道，如果这时企业还一味强调产品的自身特点，强调细微的产品差异性，这样消费者是不认可的。相反产品的品牌形象却日趋重要，在品牌形象策略中：一是强调品牌的商标或企业的标志为主体，二是强调包装的系列化以突出其品牌化。国外的香烟包装许多都是采用了以品牌的商标或企业的标志为设计的主体，如万宝路、555、希尔顿、摩尔等。系列化包装发生了质的飞跃，它不仅仅是用一种统一的形式，统一的色调、统一的形象来规范那些造型各异、用途不一又相互关联的产品，而且还是企业经营理念的视觉延伸，使商品的信息价值有了前所未有的传播力。塑造产品的品牌形象，实际上是对产品的第二次投资，是对产品附加值的提升。

营销点评：

以上所述的包装创意定位策略在设计构思中并不孤立存在的，很多时候是交叉考虑的。只有创意独特的包装定位策略才能指导成功的包装设计，因为它是设计构思的依据和前提。

◆ 做好品牌定位，实现利润最大化

依云（Evian），是法国达能（Danone）旗下有 200 多年历史的法国矿泉水品牌，是世界上最昂贵的矿泉水之一。早在 1789 年，雷瑟侯爵无意中在法国依云小镇发现清纯甘冽的依 云天然矿泉水可以治疗他的肾结石，就开始了依云矿泉水的生产，依云水从此被公认为健康之水，其卓越的理疗功效于 1878 年得到法国医药研究会的认可。每滴依云矿泉水始于汇聚在壮观的阿尔卑斯山头的雨或雪，这水要用 15 年的时间以每小时 1.5 厘米的速度缓慢渗透进位于深山的巨大自然含水层，经过天然过滤和冰川砂层的矿化形成，采撷了雪山深处千年的精华。为了保证依云水纯正的天然品质，其灌装地就是它的水源地，整个灌装过程没有任何形式的处理和加工，完全是自动化流程，一天进行 300 次取样化验，以确保每一瓶依云水的水质都是一样纯净。

依云水在碰到消费者的嘴唇之前绝对没有任何人接触过，甚至法国的法律也明文规定，依云的灌装和包装必须在水源地进行，以防止人为因素对产品品质的破坏。传奇的身世，优良的水质加上苛刻的灌装过程，以 2L/2.3 欧元或 25 元人民币的售价出现在全世界 44 个重点城市，无一不昭示着依云水作为世界灌装水贵族的地位。

在这个物质极度丰盛，消费者需求多样化的时代，任何产品都不可能为市场上所有顾客提供所有的服务，想要获取市场竞争的胜利只能根据产品的情况选择优势细分市场，准确而有力的品牌定位，成为打造强势品牌的最核心构件。

品牌定位，是建立品牌形象的提供价值的行为，"是要建立一个与目标市场相关的品牌形象的过程和结果"，并且只有"当一个品牌的定位存在时，该品牌的识别和价值主张才能够完全的得到发展"，才能更准确的将产品相对于竞争对手的优势以及主要购买理由传达给目标消费者。那些经过市场洗礼在市场上留下来的强势品牌都有准确而有力的消费者所认可、接受的品牌定位。

依云水准确的定位为其取得成功打下了良好的基础。每一滴依云水的形成都完全是由大自然用 15 年之久从容不迫地完成，这是任何饮料的现代化大规模快速生产望尘莫及的，大自然赋予的绝世脱俗的尊贵加上依云水被发现的传奇过程，成为依云水贵族血统的最好脚注。更重要的是，由于过滤依云水的土层带给依云丰富而平衡的矿物质成分，使依云能够很好地满足人的生理需要并具有一定的医疗效果。这种医疗效果在 1878 年得到了法国医药研究会的权威认证，更加强化了依云水的传奇色彩和贵族地位。

基于自身的贵族品质，依云将自己定位为健康纯净的高档矿泉水，并将其当作奢侈品来经营。依云一直只在全世界 44 个重点城市，通过 100 多个分销商的渠道，销售给目标消费群，并定期在全世界发售限量珍藏版矿泉水，同时依云还在得到其认证的很少几家高品质餐馆，提供依云矿泉水。它的定价策略也是基于这种贵族定位，依云不仅仅是一瓶水，它首先是一种概念，一种生活方式。它一般只适合月收入 6000 以上的人。而这部分中高收入人群"在选择商品时，会更加关心品牌或产品的象征意义"，以期在某种程度上表现自我，满足自尊，依云的贵族定位和健康纯净的高品质诉求很好地迎合了这部分目标消费群的消费心理，因而价格不菲却备受青睐。至今依云水仍然没有成为一种大众饮品，而依云也唯恐自己成为大众饮品。

毋庸置疑，依云水的成功离不开它与生俱来的产品品质优势和严格控制的灌装过程，但这并不等于说它只依靠产品本身的品质，就能够在竞争激烈的灌装水市场获得成功，而不需要对其进行经营和管理。

营销点评：

事实上依云发展为今天的世界级品牌，与其经营者的各种努力是分不开的，"好酒不怕巷子深"的时代早已成为历史，更何况是依云这种需要立足国际市场的品牌。依云水的贵族定位奠定了其成功营销的基础，而"品牌定位是被积极传播形成的"，依云也不例外，它通过各种渠道向目标消费群传播品牌信息、丰满这一贵族品牌的形象。

◆ 巧用新产品打开新市场

为了在竞争激烈的市场环境中获得有利的地位，企业需要不断开发新产品，提高企业竞争力，从而保持自己的竞争优势。但新产品开发出来后，由于进入市场的策略或时机选择不当而功亏一篑的事例屡见不鲜。因此，新产品选择合适的策略或时机进入市场对企业而言异常关键。

1.先进入市场与后进入市场的利弊比较

先期进入市场是指一个公司力争首先进入一个新产品市场，保护并扩大其市场份额，以树立本产品在本行业中的主导或支配地位。如英特尔公司在芯片市场上霸主地位的确立，微软公司在操作领域的扩张，均是如此。当一个企业的各方面条件都已成熟或具有较强实力的情况下，产品领先进入市场被认为是最佳策略之一。而后期进入市场是指一个公司让竞争对手先行进入市场，然后视其在市场上的生存和发展状况，通过模仿或改造，进而使自己的产品适销对路，从而与领先进入者展开竞争的策略。

在市场竞争日趋激烈和买方市场业已形成的情形下，后期进入市场越来越受到企业家们的青睐。其实，先进入市场与后进入市场并非两种矛盾的策略，真正用好了这两种策略，就会发现它们各具优势，都能达到企业新产品进入市场的目的。先期进入市场的优势在于抢占先机，企业能够在市场上先期树立品牌形象，赢得最大的市场份额、最广的销售渠道，通过高价促销的手段，以及凭借投放市场初期的垄断地位，获得大量的超额利润。同时还可以先入为主地给消费者灌输新的消费观念，使后进入者在引导与之不同的消费观念时要付出艰辛的努力和较大的代价。先期进入市场还能够先于其他竞争者确立并提高生产量，积累生产和销售经验，实现规模经营从而降低新产品成本。但是，并非每一个先期进入市场者都能达到预期目标，作为市场开拓者，需要投入大量的人力、物力和财力，如新产品的研制与开发、市场的基础设施建设、多方位的产品宣传以及销售人员的培训等都将使企业在新产品投入市场之初面临沉重的压力和巨大的风险。除此之外，先期进入市场的许多投入并非总能保持专有，它的经验可被后进入者无偿借鉴，它的专利并非一劳永逸，要面对来自各方面的挑战，丝毫不能松懈，否则很容易成为市场竞争的牺牲品。

后期进入市场的企业准备充分，相对后期进入更加稳定，同时能够享受相对较低的成本。后期进入市场的企业能快速吸收先进入市场企业的经验和教训，无须花费更多资金就可深入地了解到消费者对新产品的反馈信息，从而对新产品进行改进或更新。后进入市场的企业尽管不用承担大量的研究和开发费用及风险，但它所获得的收益可能会低于先进入者，原因是先期占领市场的企业产品在同类产品中已成为原型或"原创"产品，后期进入者要想渗透这块领地，除了产品必须质量过硬、富有创意外，还得花费大量的财力和精力培养顾客的偏好，因此顾客转移购买成本较高。这是许多企业尤其是中小企业难以负担的。

2. 新产品进入市场应考虑的因素

（1）企业自身实力是把握市场时机的基本因素

一个在市场上处于领先地位的大企业会采取先期进入市场的策略，因为它的行为能够支配或影响其竞争对手，在策略上有广泛的选择余地，同时它也有足够的实力去应付随之而来的挑战。在这种情形下，领先进入市场对企业是有利的。反之，处于跟随地位的中小企业一般采取后进入市场的策略，主要因为新产品出台后，进入市场的一系列准备工作量过大，既牵涉到进入市场所必需的各项费用，如宣传、营销渠道建设和销售人员培训等，又牵涉到自身的人力、物力是否足以应付各种各样的市场问题。如果企业对此没有足够的重视和充分的准备，则新产品上市后不但难以达到预期的目的，反而会引发各种阻力，比如会受到实力雄厚的同类企业的排挤和压制。

（2）企业经营目标是把握市场时机的直接因素

企业的经营目标主要有两种：一是降低成本，赢得市场占有率，获得长期利润；二是采取高价促销手段，尽快收回成本，获得短期利润。大多数着眼于长远利益的企业会把保有并扩大产品的市场占有率放在首位，因为对于一个想获得长期发展的企业来说，在短期内收回成本并赢利的想法或做法，是一种急功近利的短视行为，随着市场上相关产品的日渐增多，这种产品的生存危机会暴露出来，企业最终难免会因价格调整而陷入进退两难的境地。当然，对一些只想利用市场空当而赚钱的生产者来说，获得短期利润非但无可非议，反而能体现生产者的机智和创造力。

圆珠笔的发明者来尔顿·雷诺兹就是利用消费者求奇求新的心理，采用"撇脂定价"策略，在短期内不仅收回了成本，而且获利丰厚，待其他竞争对手纷纷前来"沾光"并开始降价竞争时，雷诺兹已获得了足够的利润，转而投向了新的目标市场。

（3）企业所处环境是把握市场时机的重要因素

优秀的营销管理者要善于分析营销环境，捕捉市场营销机会，躲避和克服环境的威胁，以确保在激烈的市场竞争中立于不败之地。成功的企业家认为，企业所面临的环境与其经营成败的关系最为密切，并把对环境的预测能力和适应能力视为企业生存与发展的关键。在分析企业所面临的环境时，既要考虑外部的宏观环境，又要考虑中观的产业环境，最后，还要深入地了解企业的内部环境和条件。只有这样，企业才能通过对市场的灵敏反应能力，依据环境的变化确定新产品进入市场的时机，从而发展壮大自己。

3. 新产品进入市场的策略

（1）确定恰当的投放时间

新产品上市要选择最佳时机，季节性产品尤其不能延误和耽搁。在竞争对手也将推出类似新产品的情况下，既可以抢先进入市场，建立消费者对品牌的意识和偏好；也可以延后进入，从而节省广告费用，了解市场需求量的反应；还可选择同时进入，与竞争者分担促销费用，分担风险。

（2）选择合适的投入地点

一般而言，大企业可选择在一个较大的地区或区域内推出新产品，当市场反应不错时，迅速将新产品推向全国市场甚至国外市场；而中小企业则可选择在一些中心城市投产试用，待站稳脚跟后，再层层推进，迅速占领更大的市场。同时，企业也可选择将新产品先投入到需求量较大的目标市场，如东欧的捷克和中国的哈尔滨都是啤酒消费量较大的国家和城市，英国的"厂牌"啤酒就是选择这种方式首先进入这两个目标市场。

（3）选择有潜力的目标市场

目标市场是指企业在细分市场的基础上，根据自身资源优势所选择的主要为之服务的那部分特定的顾客群体。在选择目标市场时需考虑市场的潜力、竞争状况、企业资源与市场的吻合度以及市场的投资回报率。选择目标市场就是选择良好的营销机会，最大限度地扩大市场占有率。这就需要企业尽早确定目标顾客群体，了解目标顾客的心理需求，有的放矢，用最少的投入争取到更多的顾客。

（4）制定周密的营销策略

营销策略就是对市场营销的四要素：产品（Product）、价值（Price）、分销（Place）和促销（Promotion）进行有机组合的方式，组合方式应做到因时、因地、因人而异。比如，由于各个国家的消费水平、生活环境和人文观念的不同，很多跨国公司在新产品上市价格、定位、包装等方面都会因国家或地区的不同而各异。

总之，新产品是先进入市场还是后进入市场本身并无优劣之分，因为每个企业都有着自身的特点和不同的经营目标。新产品究竟何时进入市场，应综合考虑企业自身条件、新产品的特点和外部市场环境等诸多因素，确定正确的经营目标，选择合适的上市策略或时机，按着市场进入的正确路径前行。只有这样，企业才能把握稍纵即逝的市场良机，成功地将新产品推向市场并占领市场，提高企业经济效益。

营销点评：

做好新产品的上市说明让各区域经理、主管和业务员明确此次新产品上市的目的是什么，产品策略是什么，如何推广。

◆ 挖掘产品最吸引顾客的特征

产品定位的目的就是让自己的产品给顾客留下与众不同的形象，那么，想要让产品在顾客心理占有独特的印象，可以从产品本身的特点中挖掘出有别于其他同类产品的特点。

华龙方便面想要进军城市市场，显然避免不了与康师傅、统一等一线品牌一争高下。1999年，康师傅、统一等国内一线品牌已经形成自己的市场经验和营销模式。在这样的情况下，如果华龙靠复制跟进康师傅等品牌的操作模式，显然不合时宜，更是对新产品的长线发展自设牢笼。华龙必须独辟蹊径，开创自己的差异化营销模式。

华龙通过市场调研发现，越是经得起煮、经得起泡的方便面，质量就越好，卖得也越好，而这一切都是由面的韧性决定的。因此，韧性成为顾客购买方便面的一大标准。当时市场上最好的方便面，也仍然容易煮断，容易粘锅，这些都在顾客中形成抱怨，因此，华龙新品今麦郎可以在韧性上再做文章。

在反复的试验中，营销人员欣喜地发现，"弹"最能给人高品质感，最能表现面的韧性，因此提出弹面的概念。在随后的调查中发现，顾客尤其是青少年，对弹面都非常感兴趣，认为弹面一定比其他面质量更好，而且吃弹面，应该比吃一般的方便面更有趣，能够从中获得娱乐感。弹面在调查认可的基础上，获准诞生。

弹面其实和质感、口感并没有本质的关联，但它绝对是产品最大的差异化卖点。因此，今麦郎弹面通过差异化定位，开创了一个巨大的新商品市场。在任何一个新商品市场形成之际，意味着可能诞生一个领袖品牌。弹面是对顾客心理的深入研究和准确把握，具有传播成本低、传播效率高的鲜明实效性。今麦郎弹面在市场上的成功，再一次验证了差异化市场的重要性。

对于新产品而言，今麦郎进军高端市场，不仅需要营销的创新与优势，更需要产品品质的全面升级，今麦郎四大技术升级为产品的差异化定位奠定了坚实的基础。

原料升级：即使是康师傅、统一这样的高端一线品牌，方便面也极容易被煮断、煮烂，这使顾客极为恼火。因此，今麦郎用最好的面粉，让顾客切实感受到弹面经煮、经得起泡、弹性强的特点，从而鲜明区别于市场同类产品。

料包升级：当时华龙在市场上的方便面，通常只有两包料包，做工极为简单粗糙。今麦郎作为主打高端市场的产品，需要放一些绿叶蔬菜，为此华龙从日本引进了一条生产线专门生产蔬菜料包。

拉面设备升级：华龙在农村市场使用的全套设备，离城市高端产品和弹面的定位差距很大。而日韩方便面生产设备，一直走在世界行业前列，因此，华龙发挥拿来主义，直接引进日本生产线。正是这样一条先进的生产线加上华龙最高档的面粉，才生产出广受欢迎的弹面。

方便性升级：碗装方便面很多是在办公场所和旅途中食用。调查显示顾客反映康师傅碗面很好吃，但在泡面时碗盖的铝膜受热后会上翘，必须用东西压住，很不方便。所以华龙推出今麦郎碗面新品专门设计扣盖式的碗盖以及相应的面饼防尘防潮密封包膜，解决顾客的这一个抱怨。

华龙方便面将普通的面，突出打造了与众不同的弹面，在结合对调料的改进，使产品一下成为顾客喜欢的知名品牌。真是稍稍一个变化，就创造了巨大效益的典范。可见，根据产品自身的特点，实现产品定位，也是非常有效的措施。

其实企业不仅是卖产品，更多的是卖品牌形象给顾客。所以，在具体进行定位时，企业可以从三方面考虑，做出完整、客观的产品定位。

1. 价值定位

不同的产品有不同的特点，体现了顾客不同的价值取向，就拿哈根达斯来说，卖的就是顾客追求的时尚。

2. 利益定位

这也就是指产品能够给顾客带去什么样的实在好处。比如，脑白金等保健品卖的是健康，能够给顾客带去健康；飘柔洗发水卖的是让头发顺滑，等等。

3. 属性定位

农夫山泉的广告中"农夫山泉味道有点甜"就是属性定位。企业在进行产品定位时，可以考虑其属性特点是否让顾客印象深刻，是否给顾客带去某种利益。

总之，挖掘产品本身存在的特点，通过产品自身的特征及其价值给顾客留下深刻的印象，也是很好的定位策略。

营销点评：

今天，许多企业都受制于集中化战略，企业必须推出具有意义的相应的定位和差异化。

◆ 企业尽可能地避免定位错误

一个企业对市场的定位非常重要，科学定位，才能让产品的优势得到最大限度的发挥，才能让更多的顾客了解，这样才能扩大企业的销量。

中国白酒行业名酒辈出，但最知名的莫过于茅台和五粮液，茅台"国酒"的地位在众多国人的心中一直无法撼动，而近年来，五粮液的风头大大盖过了茅台。五粮液凭借混合品牌战略快速崛起，经营业绩把茅台远远甩在了后面。五粮液是如何撼动茅台的地位的呢？

茅台的品牌定位："国酒茅台，喝出健康来"；品牌战略模式：单一品牌战略（家长制）；品牌内涵：含蓄内敛；品牌性格：保守谨慎；品牌地位：国酒；品牌格局：一枝独秀；价格策略：平民路线、高举高打；在处理渠道关系上，茅台的经销商主要负责产品的销售，不参与品牌运作，渠道成员主要是由传统的经销商构成。2004年茅台主营业务收入为30亿元，品牌资产为200亿元。

五粮液的品牌定位："新一代成功人士的必饮品"；品牌战略模式：混合品牌战略（品牌簇群）；品牌内涵：个性张扬；品牌性格：富有侵略性；品牌地位：酒王；品牌格局：遍地开花；价格策略：大小通吃；在处理渠道关系上，五粮液的经销商除了销售产品外，还得参与品牌运作，如金六福、浏阳河，此时渠道成员是以品牌加盟商的身份出现。2004年五粮液主营业务收入为62亿元，品牌资产实现从31.56亿元到306.82亿元的飞跃。

"国酒"茅台见五粮液掀起的白酒热潮，也不甘寂寞，也走上了混合品牌战略，形成了貌似五粮液品牌的延伸策略。

"第一集团军"直接冠以茅台品牌的产品，如茅台王子酒、茅台迎宾酒、茅台醇、茅台液；"第二集团军"冠以茅台集团品牌的产品——贵州王、红河酒、小豹子、九月九的酒（其中一些是买断品牌）；"第三集团军"则是冠以茅台品牌的"远征军"，如茅台啤酒、茅台葡萄酒，"远征"啤酒业的老大青岛啤酒和红酒老大张裕。

茅台是什么品牌？是国酒，是中国白酒的第一品牌。所以，所有的营销动作都应该具有这样的高度与之相称，否则就会使品牌贬损。为什么现在又提出"茅台要走平民化的道路"这个理念，要让茅台从高高在上的"神坛"上走下来。茅台品牌拥有"国酒"这样至高无上的地位，拥有那么大顾客群，不就是因为它高高在上、充满神秘、令人向往的品牌形象吗？茅台打出平民化的旗子，这看似在尽可能迎合更多的顾客群，其实是在自贬身价。

五粮液利用品牌簇群进行市场细分，精心为竞争对手设置壁垒，借助网络优势，强力渗透终端，增加竞争对手进入的难度和风险。如在礼品酒市场上一口气推出了五大礼酒系列：明窖1368主打"历史文化牌"；五粮醇主打"商务礼宾酒"；金叶神主打"中国人的礼酒"；五龙宾主打"贵宾用酒"。中高端礼酒相继问世，一路"高开高走"，越来越成功。无论是主打历史文化牌的明窖1368，还是主打商务礼宾的五粮醇，以及主打贵宾概念的五龙宾等的价格都在单瓶180元以上，主价位则在200~300元，而这一价位则是国内主流的商务或公务酒的核心价位。

而此时的茅台却在品牌延伸战略上遭遇了寒流，"平民路线"受挫，品牌形象受损；品牌战略未充分整合产地资源，导致茅台镇群雄并起，同城竞争弱化"国酒"最稀缺的产地资源；品牌的盲目延伸，背离顾客资源，进而模糊了茅台"国酒"的品牌价值；五粮液的品类细分，使茅台在终端遭遇了前所未有的压力。

定位是为了卖出更多的产品，如果产品定位错误，就会让企业受挫。就如科特勒所说的那样，定位不当甚至于错误的定位，对产品来说是很危险。所以，企业应该尽量避免定位错误：

第一，定位混乱。

比如，茅台在走向品牌混合模式时，其实就犯了产品定位混乱的问题，目标顾客都认为茅台是"国酒"，是高端白酒，所以，就会认为价格低的产品，质量上肯定有问题。即便有人购买，人们对茅台是好酒还是差酒的印象就比较模糊了。其实，在产品定位时，一定要注意无论使用什么营销策略，但要坚持产品的整体形象的一致性，给人们留下清晰的品牌印象。

第二，定位太低。

如果产品没有给目标顾客留下深刻的印象，或者顾客没有办法说清楚该产品区别于其他产品的特点，产品在顾客心里是模糊一片的。如果是这样，那么，企业的产品定位就低了。出现这种错误，原因可能是企业没有认真了解目标顾客对产品的兴趣点，还可能是企业没有认真挖掘出产品本身与众不同的特点，导致产品在顾客心里形成了产品一般的模糊印象。

第三，过分定位。

所谓过分定位，就是企业过分强调某产品的某一个方面特点，而给顾客留下狭窄的印象。比如，人们都知道茅台酒是"国酒"，是高端产品，但是很少人了解茅台现在也生产低端产品。这就是过分定位。俗话说"过犹不及"，如果过分定位产品，那么，起到的效果也不会太好。所以，符合中庸之道，在进行产品定位时，也要大力宣传其他生产线上的产品，只要抓住"国酒"质量好这个总体形象，然后，其各个产品的不同特点再凸显出来，这样组合在一起的产品定位才是比较科学的。

第四，定位怀疑。

也就是说，顾客不认同企业的产品定位，对企业宣传的特点并不认同或者持怀疑态度。其实这种情况很常见，有很多人都不相信广告宣传，认为那都是骗人的。如果这样的话，就要增加让顾客亲身体验的环节，或者证明其特点的一些项目，让顾客真正能够了解产品的特点，并认同这种特点，扭转他们的认识偏见。

总之，企业定位应该紧密联系顾客，根据顾客的反馈更为恰当地制订让顾客满意的定位。

营销点评：

> 如果企业描述它们的产品有较多优越性时，会让人感觉虚假，反倒变得让人难以相信，并且，失去了一个明确的定位。通常，企业必须尽可能地避免定位错误。

第四章　销量都是"推"出来的——总经理要加大宣传推广

营销推广指在以等价交换为特证的市场推销的交易活动中，工商业组织以各种手段向顾客宣传产品，以激发他们的购买欲望和行为，扩大产品销售量的一种经营活动。

◆ 多品牌战略，拥有更多的市场

如今，很多企业都在采用多品牌战略。多品牌战略，指的是当企业发展到一定程度后，用自家知名品牌延伸发展出多个品牌的战略计划。通常这些品牌相互独立，又存在着一定的关联，企业需要根据领域细分市场。

其实，实施多品牌战略可以最大限度占有市场，对消费者实施交叉覆盖，能有效降低经营风险，故而很多企业愿意选择多品牌战略作为扩大市场的一步棋。

多品牌战略受到企业的青睐，主要是因为这三个优势：根据不同的产品、定位进行差异化区分，可以锁定更多不同阶层的消费者；当企业选择多品牌战略时更容易形成规模效应，打破壁垒，做大市场份额；多品牌运营可以有效分散单一品牌风险，实现企业的循环价值。

多品牌策略在具体实施过程中又可划分出个别品牌策略、分类品牌策略、企业名称加个别品牌策略等三大类。

1. 个别品牌策略

个别品牌是指企业的不同产品分别采用不同的品牌。这种多品牌策略主要在以下两种情况下使用：其一是企业同时经营高、中、低档产品时，为避免企业某种商品声誉不佳而影响整个企业声誉而采用这一策略；其二是企业的原有产品在社会上有负面影响，为避免消费者的反感，企业在发展新产品时特意采取多品牌命名，而不是沿用原有的成功品牌，并且故意不让消费者在企业的传统品牌与新品牌之间产生联想，甚至于隐去企业的名称，以免传统品牌以及企业名称对新产品的销售产生不良的影响。

提起美国的菲利浦·莫里斯公司,人们立即就会联想到香烟,大名鼎鼎的"万宝路"牌香烟就是这家公司的拳头产品。然而,要是有人问你"卡夫"酸奶和奇妙酱、"果珍"饮品、"麦斯维尔"咖啡以及"米勒"啤酒是哪家公司生产的,许多中国人也许都会发愣,其实发愣的不仅仅是中国人,连美国的消费者都是要么发愣、要么认为是美国通用食品公司的产品。其实,这些产品全部出自美国烟草大王菲利浦·莫里斯公司。

是突出品牌形象还是突出公司形象,这历来是市场营销的关键。莫利浦·莫里斯公司突出品牌,淡化公司形象显然是明智之举。当该公司从通用食品公司买下"卡夫"、"麦斯维尔"等品牌之后,一直在广告中突出这些品牌的形象,其中除了有这些商标已经形成巨额无形资产的考虑外,更让公司关心的是在全球禁烟运动此起彼伏的今天,再使用同一品牌策略,即采用"万宝路"品牌是不合适的。如何不让"烟草"公司的形象吓倒那些赞成禁烟的消费者,以避免产生不良的社会效果,可供选择的最佳途径就是不让公司本身在这些产品的广告中露面。

菲利浦·莫里斯公司的这一品牌策略获得巨大成功。全球无数的禁烟主义者在购买上述品牌时,并不知道在这些品牌背后正是烟草大王——菲利浦·莫里斯公司。

个别品牌策略作进一步演变,引申为品牌扩展策略和多重品牌策略。

所谓品牌扩展策略就是对个别品牌加以扩展,以表示该产品的不断改进。日本松下电器公司对其电视、录放影机等视听家电类产品就常采用这一品牌策略,从而给消费者传达一种该公司富于创新、年轻有活力的观念,博得消费者对该公司产品的认同及依赖。这里着重要说明的是多重品牌策略。这种策略是指在同一产品中设立两个或两个以上相互竞争的品牌。这虽然会使原有品牌的销量略减，但几个品牌加起来的总销量却比原来一个品牌时更多，因而这种策略又被企业界称为"1+1>1.5"策略。

多重品牌策略由宝洁公司首创。宝洁认为，单一品牌并非万全之策。因为一种品牌树立之后，容易在消费者中形成固定印象，不利于产品的延伸，尤其是像宝洁这样横跨多种行业，拥有多种产品的企业更是这样。因而宝洁公司不断推出新品牌。该公司在中国推出的美容护肤品牌就有近10个，占了全国美容品的主要品牌的三分之一。中国消费者熟悉的"潘婷"、"飘柔"、"海飞丝"三大洗发护发品牌都是宝洁的产品，这三个品牌分别吸引三类不同需求的消费者，从而使得它在中国的洗发液市场占有率上升为第一，达50%以上。这显然是宝洁公司成功运用多重品牌策略的成果。

这种方法在美容用品、洗涤用品等行业中运用已经较为普遍。上海家用化学用品公司也分别推出"露美庄臣"、"清妃"、"白领丽人"、"雅霜"、"男宝"、"伯龙"、"尤维"、"友谊"、"六神"、"高夫"等许多品牌，以期占有不同的细分市场。

多重品牌策略之所以对企业有如此大的吸引力，主要是由于：第一，零售商的商品陈列位置有限，企业的多种不同品牌只要被零售商店接受，就可占用较多的货架面积，而竞争者所占用的货架面积当然会相应减少；第二，许多消费者属于品牌转换者，具有求奇求新心理，喜欢试用新产品，要抓住这类消费者，提高产品市场占有率的最佳途径就是推出多个品牌；第三，发展多种不同的品牌有助于在企业内部各个部门之间、产品经理之间开展竞争，提高效率；第四，不同品牌定位于不同细分市场，其广告诉求点、利益点不同，可使企业深入到各个不同的细分市场，占领更大市场。

2. 分类品牌策略

如果企业所经营的各类产品之间的差别非常大，那么企业就必须根据产品的不同分类归属来采取多品牌策略，即为各类产品分别命名、一类产品使用一个品牌。

美国最大的零售商西尔斯公司就是采取这样的策略，它的家用电器、妇女服饰、家具等产品分别使用不同的品牌。这种策略特别适用于生产与经营产品种类繁多的大企业，由于它们所涉及的领域是吃、穿、用俱全，如果两类产品之间的差距很大，则绝不能使用同一品牌。

试想，企业既生产食品，又生产化肥；既生产化妆品，又生产农药，如果使用同一品牌，的话，消费者会出现什么样的反应。因此，美国宝洁公司在中国销售其产品时，杀虫剂用的是"雷达"品牌，鞋油用的是"红鸟"品牌，而大量的化妆品用的是其他品牌。中国的海尔集团在销售其家用电器如冰箱、彩电、洗衣机等产品时使用的是"海尔"品牌，而其产品线延伸至保健品行业时，用的却是"采力"品牌，目的也是为了保持海尔集团在消费者心目中的一贯的主体形象。

3. 个别品牌策略

企业在考虑到产品之间既有相对同一性又有各自独立性的情况下，典型的做法是在企业的名称后再加上个别品牌的名称。

在每一品牌之前均冠以公司名称，以公司名称表明产品出处，以品牌表明产品的特点。这种策略主要的好处是：在各种不同新产品的品牌名称前冠以企业名称，可以使新产品享受企业的信誉，而各种不同产品分别使用不同的品牌名称，又可以使各种不同的产品保持自己的特色，具有相对独立性。

这种做法在一些著名大企业的经营方针中屡见不鲜，就因为它们的企业是一笔巨大的无形资产，可以为个别品牌带来支撑。例如柯达公司的胶卷因其性能不同，而被分别命名为"柯达万利"胶卷、"柯达金奖"胶卷、"柯达至尊"胶卷等，很显然，这些品牌中都隐含着企业的名称。在中国，海尔集团的冰箱依据其目标市场定位不同而分别命名为"海尔双王子"、"海尔小王子"、"海尔帅王子"等，洗衣机也有"海尔小小神童"洗衣机，这种多品牌策略给海尔集团带来的巨大效益是有目共睹的。

美国可口可乐公司与百事可乐公司几乎同时向市场推出低糖的健怡类饮料。百事可乐将其取名为"健怡百事可乐"，而可口可乐公司却取名为"泰森"。结果，"泰森"败在同类产品"健怡百事可乐"手下。因为"泰森"虽能迎合消费者的品位，但却未能将可口可乐的大名延伸过来。可口可乐公司吸取教训，重新命名产品，推出"健怡可口可乐"，立即被消费者接受，"健怡可口可乐"很快成为美国第三大饮料产品。"健怡可口可乐"的成功，正是企业名称和个别品牌策略正确运用的结果。

营销点评：

经营多种品牌的企业要有相应的实力，品牌的延伸绝非朝夕之功。从市场调查，到产品推出，再到广告宣传，每一项工作都要耗费企业的大量人力物力。这对一些在市场上立足未稳的企业来讲无疑是一个很大的考验，运用多品牌策略一定要慎之又慎。

◆ 品牌不倒，奥妙何在

创建于 1987 年的杭州娃哈哈集团有限公司，目前是中国最大的食品饮料生产企业，也是全球仅次于可口可乐、百事可乐、吉百利、柯特这 4 家跨国公司的第五大饮料生产企业。娃哈哈集团在全国 27 个省市，建有 100 多家合资控股、参股公司，除台湾外，在全国所有的直辖市、省、自治区，都建立了销售分支机构，拥有 2 万余名员工，总资产已达到 178 亿元，拥有世界一流的自动化生产线、先进的加工工艺和最好的食品饮料研发检测仪器。主要营销各种饮品、饮料、休闲食品、保健品、罐头等近百种产品，其中的瓶装水、含乳饮料、八宝粥罐头，产销量始终位居全国第一，营销年收入实现 258 亿元，在资产规模、产量、销售收入、利润、利税等方面，已连续 10 年位居中国饮料行业首位的旗舰型民族企业。娃哈哈，这个被奉若里程碑一般，以飞快的速度发展的"教科书"式企业，在营销史上屡屡演绎出经典的大型活动，可以说是一个让中国人倍感扬眉吐气的企业。这个"如日中天"一般璀璨耀眼的民营明星企业，在营销中每每遇到危机，却始终品牌不倒，奥妙何在？

1. 企业外部营销环境分析

饮料行业是国家"三农"政策重点发展的行业之一，国家鼓励和培育大型饮料企业集团实现产业升级。这些利好的产业政策使饮料行业蓬勃发展。娃哈哈作为一个校办工厂的民营企业，一直响应国家开发西部老区的政策，它与多个贫困老区合作，先后建立了 40 余家企业，成为当地的利税大户。

中国的经济发展和生活水平的提高，推动了饮料行业稳步发展，使软饮料的需求不断提高。尤其是生产与包装技术不断升级，不但使同质化的饮料产品实现差异化，也增强了自主创新的能力，促进开发知识产权，实施名牌战略，形成品牌效应。

中国饮料消费市场的扩大，是任何国家不能比拟的。随着社会物质文化环境和生活方式的变化，人们更加注重饮食的自然与健康，这使饮料市场推陈出新、不断细分。果蔬饮料和茶饮料的开发，更贴近消费者现代生活的理念，满足消费者不断更新的口味。消费者追求更健康、更天然、更好喝的饮品，带给饮料行业一定的发展空间。

2. 产业环境分析

随着中国饮料行业的发展，企业的数量激增和力量对比，已经进入一个诸侯纷争的时代，产业内的竞争日趋激烈。国际企业有可口可乐、百事可乐、康师傅、统一等，国内企业有娃哈哈、汇源、达利园、农夫山泉、红牛等，每个企业都各分一杯羹。整个饮料市场都在孕育着激烈的市场瓜分和品牌竞争。尤其是跨国公司，凭借深厚的品牌资源和雄厚的资金，以及在国外市场长期拓展的成熟经验，对中国大陆形成合围之势，使本土饮料企业陷入"四面楚歌"的尴尬境地。由于饮料行业的资本投入低，产品差异化程度小。面对众多食利者争夺的市场，不同企业都在以各自不同的战略和策略，在竞争中赢得一份市场。在这样的产业环境下，娃哈哈始终如一，坚持总成本领先的战略，用傲人的业绩，向世人证明了非凡的营销能力：集团年营业额突破了432亿元，在资产规模、产量、销售收入、利润、利税等指标上，连续10年雄居中国食品饮料行业的首位，远远超过了行业平均水平。

由于饮料产品差异化的程度不大，行业资本的投入较少，转移成本也比较低，而且没有政策和技术壁垒，所以退出和进入相对比较容易。而我国饮料行业的卖方集中度很高，企业兼并的力度与行业垄断的进程在不断加大加速。在高度市场化的饮料行业运作中，娃哈哈面向"国际两乐"学习碳酸饮料，向"统一"、"康师傅"借鉴茶饮料。近年来，果蔬饮料、花茶饮料以及功能饮料的不断兴起，使这个市场有了更加广阔的空间，谁都想加入分一杯羹，牟取利益。由于食糖市场出现阶段性的供应紧张，食糖价格大幅上涨，使食品饮料业的生产成本快速增加，给企业带来了不小的压力。娃哈哈预计到了高糖价情况和其他原材料上涨的出现，逐步调整内部架构，早有内部消化成本的措施，使企业成本始终控制在合理范围之内。

3. 买方市场分析

消费者消费口味的多元化、消费方式的多样性，给软饮料行业的发展提供了充足的市场前景。虽然不同的饮料之间可以相互替代，但由于消费者的口味与偏好千差万别，使一些饮品并不能被完全替代。而且消费者也不可能全都喜欢某一种饮料，即使同位消费者，在不同的场合、不同的生活方式中，对饮料需求也是有所不同的，这使得饮料市场的发展空间多姿多彩。与发达国家果汁消费量相比，美国人均50升左右，德国人均40升左右，而中国人每年还不到1升，相差甚远。但随着我国人民生活水平的不断提高，消费者对天然产品会越来越青睐，果汁的消费也会不断上升，饮品的需求量也不断增加。所以，中国饮料市场空间非常大，这也是任何国家都无法相比的。娃哈哈必须关注市场的动向，关注消费者的心理需求，才能保持市场地位，立足那些潜在的市场空间。

4. 透视"渠道优势"

娃哈哈的渠道优势一直为业界所推崇，从初始主攻二、三级市场、农村市场，到全面挺进大中型城市，娃哈哈在全国建立起蛛网般的营销网络，成为争夺市场的核心力量。网络渠道资源高效运营，使产品能迅速营销全国、铺进各类营销终端，快速达成产品动销，在消费品领域独占鳌头。于是，原本平静的二、三级市场，一下子成为企业的必争之地。渠道快速扁平化，很多企业通过省级代理直接进入地县级市场和经营终端，娃哈哈的渠道优势不再独有，营销优势和终端竞争力在一点点弱化。而且，在北京、上海的特级消费市场和省会城市一级消费市场，娃哈哈并没有充分建立营销优势，很少有大批量销售的产品。尤其在大卖场，娃哈哈少有销售冠军的产品，高额的营销费用与产出处于"倒挂"状态。需要警醒的是，娃哈哈在弱化的营销网络优势还能存在多久？

5. 透视"品牌隐忧"

"娃哈哈"在中国是家喻户晓的驰名商标，品牌的影响力相当大，是具有高知名度、高影响力、高市场占有率的优质品牌。从最初确立的儿童品牌，到如今娃哈哈产品的鼎盛，品牌涵盖着从儿童到成人的所有延伸，品牌价值被极大地挖掘。这种用同一强势品牌引领不同产品的方法，大大缩短了品牌认知的过程，降低了产品的营销风险。但品牌的延伸也需要"度"。因为"所有的鸡蛋都放在一个篮子里"，就会一荣俱荣，一损俱损，使无法预料的不可控风险加大。虽然娃哈哈极力创造健康、清新、时尚、高品质的品牌形象，但在消费者心目中，对娃哈哈品牌的联想，首先是儿童形象，这种根深蒂固的烙印很难被磨灭。而且不同年龄的消费者对娃哈哈的评价差异很大，造成品牌价值摊薄，有些消费者甚至产生逆反。

娃哈哈必须正视存在的种种隐忧。娃哈哈产业庞大，而且分散在全国各地的50余家企业，都在用一个品牌包打天下，管理难度可想而知。如果一个分支机构的产品出现信誉问题，就可能会"蚁穴溃长堤"，使娃哈哈苦心经营的品牌资产瞬间毁于一旦。因而从品牌营销的角度分析来看，娃哈哈在品牌操作方面还有很多需要商榷改进之处。

6. 透视"跟随策略"

娃哈哈集团"后发先至"的跟随策略，备受企业界的推崇。这种"敢为天下后"的"跟随策略"，并非一般意义上的模仿，而是站在同行业巨人的肩膀上起舞。或者可以说，娃哈哈的成功就是得益于有效地使用跟随策略，在此基础上提高营销战术，有效保证市场执行体系。但今日的辉煌并不意味着未来的成功，因为所有的完美都有阶段性，这种跟随策略的成功，也同样有特殊的阶段性。

在20世纪90年代初期和中期，娃哈哈凭借敏锐的嗅觉，运用行之有效的广告策略，由小变大迅速发展。到了90年代末，虽然市场竞争激烈，但娃哈哈凭借独特的渠道、密布的网络和品牌优势，构筑起强劲的核心营销能力，所实施的跟进策略还是能够傲视天下而游刃有余的。进入2000年，激烈的市场竞争大战此起彼伏，依靠原有的营销综合优势，娃哈哈在跟进策略中尚能稳坐潮头。可到了2002年以后，随着营销方式和营销手段的广泛化，娃哈哈的"老三样"不再成为独家武器，缺少创新的娃哈哈牛奶、乐酸乳、果汁、国汽等饮品在市场上反应平平，"有机茶""康有利"等系列的跟随推出更显乏力，娃哈哈第一次陷入捉襟见肘的困境。此时，乐百氏推出"脉动"，农夫山泉推出"农夫果园"，健力宝推出"爆果汽"，一上市就赢得市场热烈响应！没有创新的跟随，注定会淹没在同类产品的汪洋大海中。

7. 透视"产品线"

从单一产品起步，娃哈哈不断复制原有的成功产品模式，已发展成几百个品种的"产品帝国"。但是在瞬息万变的成熟市场中，并没有永远的"东方不败"。多元化发展的果奶、AD钙奶、矿泉水、碳酸饮料、茶饮料、营养八宝粥等，一直是娃哈哈主要的盈利品种。随着市场的变化，这五大品类的市场表现不容乐观。投资很大的娃哈哈果汁和牛奶，并没有在市场上取得主导。主要品种的赢利能力下降，附属品种的地位没有改变，这就是娃哈哈隐藏的市场危机。尽管如此，娃哈哈的口味一向经得起消费者的挑剔，而且娃哈哈的价格也具有相当的竞争力，这些都是娃哈哈获得成功的主要因素。但除去口味、价格的因素，消费者的需求和偏好也在快速转换，更重视产品的口碑、情感、瓶型、容量等附加值。在商业结构发达的市场中，娃哈哈的产品线显得庞杂，缺乏核心竞争能力。而市场上的成功新秀，无不是综合创新的典范，就像健力宝推出的"爆果汽"这些另类产品，总能让消费者耳目一新。打江山容易，守江山难。所以在产品的生命周期不断缩短的情况下，如何增强娃哈哈的创新能力与综合竞争能力才是关键所在。

营销点评：

在市场环境相对简单的情况下，娃哈哈始终以平实、稳健的风格铸就品牌营销的成功。但是市场的多样性、复杂性以及突变性，往往会隐藏深刻的市场危机，让习惯于成功模式的企业措手不及。

◆ 重视广告宣传对打造品牌的重要作用

事实上，广告也并非现代商品社会的产物，其历史至少可上溯几千年。世界上有据可查的最早的文字广告是在埃及古城中发掘出来的，内容为寻找一位出走的女佣，其时约在公元前 3000 年。

虽然直到 2001 年，中国大陆广告市场的总额也不到全国 GDP 的一个百分点，人均广告费与世界水平相比更是相去甚远，但谁也不会否认改革开放 20 多年，中国广告业从零起步，迅速成长为最火爆的朝阳产业。与此相伴随的是，没有一个已经或曾经声名大噪的企业及品牌敢斗胆说自己与广告无关。娃哈哈的崛起正是品牌声名与广告比翼齐飞的典型个案。

宗庆后广告运作的手笔之大、气势之足令人叹为观止。1988 年 11 月，娃哈哈儿童营养液上市，宗庆后请来了两家地方电视台洽谈广告。几经商议，对方伸出了两根手指：至少 20 万。而娃哈哈公司当时全部的流动资金只有 10 万元，即使砸锅卖铁也凑不足。宗庆后却面不改色，在合同上签下自己的大名。结果是，"喝了娃哈哈，吃饭就是香"的广告尚未播完，订单已如雪片般飞来，等着排队提货的大小车辆竟造成娃哈哈公司所在的杭州清泰立交桥北侧原本并不热闹的通道一时为之堵塞。

更经典的一出戏是几年后发生在南国广州的千里奔袭。

20 世纪 80 年代下半期，领对外开放风气之先的广东人沿铁路、公路线渐次北上，势如破竹。

"广货北伐"声惊呼一片。广州是华南虎的老巢，也是当时国内保健营养液霸主太阳神集团的大本营，岂容外地企业染指？可宗庆后就想摸摸老虎屁股。1991 年春夏之交，满载着娃哈哈产品的列车悄然驶进忙碌的广州火车站站台。另一边，娃哈哈与当地电台、电视台早已签下每日滚动播放的高强度广告合同。当时广州纸质媒体的大哥大《南方日报》每周的全部广告版面是 5 个整版，宗庆后一个不漏悉数通吃。6 月的某日早晨，广州市民一觉醒来发现，舆论媒体竟如此异口同声，铺天盖地全是一个声音——娃哈哈！华南虎措手不及间，娃哈哈在广州的月销售额已扶摇直上 100 万盒。

报纸、广播、电视、杂志历来被称作中国广告媒体的四大天王，其中电视媒体广告的出现并不算迟。1979 年 1 月 28 日 17 时 50 分，上海电视台就播出了中国大陆第一条电视广告——童涵春参桂补酒。第一个亮相中国电视广告的外资企业则是可口可乐公司。1984 年英国女王访华，英国著名电视媒体 BBC 同时送来了一部反映英伦三岛的纪录片。作为外交礼节，中央电视台必须播放，但苦于没钱给 BBC，于是找到可口可乐希望赞助。对方提出了唯一的赞助条件：在纪录片播放前加播一条可口可乐的广告片。差不多算是一种政治待遇，这条广告被特批通过。此后，不少外资企业写报告问，"可口可乐可以做电视广告，我们行不行？"

从 20 世纪 80 年代最后几年开始，电视广告才大有急起直追之势—— 一半原因恐怕与疯狂的"彩电热"有关。90 年代更是步入巅峰期。有统计说，1996 年，全国电视广告营业额已达 90.8 亿元，居四大媒体之首，其增长速度比第二位的报纸广告高出 1 倍多。

新兴的电视广告备受娃哈哈公司青睐是一件极自然的事。与媒体多年交往的公司广告部部长杨秀玲分析称，广播比电视的"胡子"长得多，但总体已日渐式微。报纸和杂志虽然种类数以千计，在中国的特定国情下，其主流读者却仍属"官方人士"等特定群体——近年都市类报刊的兴旺才使这一状况有所改观。而绝大多数企业产品的目标购买者显然是千家万户。随着中国成为世界级"制造工厂"，电视的普及率突飞猛进，这种媒体的特性是辐射面广，形象直观，有声有色，对受众文化水平的要求也不高，在信息传播上几乎可以说是"法网恢恢、疏而不漏"。菲利普·科特勒的媒体决策理论认为，生产者产品的试用率决定于受众注意度，而受众注意度又与产品信息的送达率、频率及由此产生的影响力息息相关。毫无疑问，在四大媒体的比较中，电视广告当属传播影响力的翘楚。

相对其他企业而言，娃哈哈公司对电视广告情有独钟还有自己特有的两个原因：一是娃哈哈各类产品的价格几乎全部走的是几元钱以下的平民化路线，大众色彩很强；二是经过长期探索，娃哈哈逐步形成了地级市以下城镇与农村市场无人可以比肩的巨大的营销网络优势。在这一广阔的市场空间，平时"不读书、不看报"的潜在购买者人数甚众。对他们来说，电视是一种最有效的信息传递"空降兵"。

国务院发展研究中心、信息产业部等部门的专家、学者组成的中国农村市场联合调查研究课题组曾对全国 14 个省市 20000 个农村居民家庭做过一次专项调查。统计结果显示，目前，中国农村消费者最主要的消费信息来源是广告宣传，其中 61% 的农村消费者表示电视是他们最重要的渠道。调查还发现，有 33.8% 的被访问者认为中央电视一台是他们最常收看的频道；最喜爱的电视节目是"电影/电视连续剧"和"中央台新闻"，分别有 71.9% 和 65.5% 的被访问者经常收看。收看率最高的时段集中在 19：00—22：00 之间。

我们从中国广告学会得到的数据分析是，在娃哈哈公司历年极为可观的广告费用切块中，电视广告一直占有极大的比例。以 2001 年 5

亿元的广告支出计，户外路牌广告与各类促销品费用分别占了 10%、纸质媒体及电台约占 5%，电视广告则占了 75%，投放于中央电视台的又占了其中的一半。

不仅是娃哈哈公司，在许多意欲争霸全国市场的企业眼里，中央电视台的确是一个有着无穷诱惑的"黄金洞"。道理很简单。中央电视台是中国唯一一家国家电视台，这种"只此一家，别无分店"的特殊地位，加上作为"党和人民的耳目与喉舌"而享有的政治上的权威性，使得普通受众对其播出的广告有着极强的信任度。

曾有一项调查表明，90%的观众认为中央电视台的广告都是可信的。另据中央电视台前广告部主任谭希松女士的说法，20 世纪 90 年代中期中国就有电视机 2.9 亿台，电视人口按"2.9×4"计算有近 12 亿。如果每天开机率为 70%，有效电视人口就超过了 8 亿。中央电视台《新闻联播》节目的收视率经常年测试在 46% ~ 48%，也就是说每晚观众达三四亿人，绝对堪称中国乃至世界"第一节目"。即使按北京长城国际广告有限公司较为中立客观的调查，中国也有 8.52 亿电视人口，《新闻联播》1996 年的平均收视率在 28% 左右（不包括地方台转播的收视率）。据此匡算，每晚观众也突破了 2 亿，相当于美国的全国人口。

由此，中国各行业的大批领头企业纷纷加入中央电视台每晚 17 时至 20 时黄金广告时间的争夺大战。寸土寸金、僧多粥少，中央电视台干脆从 1994 年 11 月开始乘势搞起了竞标英雄会。于是，就有了中国广告史上最具爆炸性的一连串"标王事件"，也就有了中国企业品牌史上最耐人寻味的"标王现象"。

1996 年 11 月 8 日，北京梅地亚中心二楼多功能厅上演了整个"标王事件"最惊心动魄的一幕。

这一天，190 余家中国知名企业参与竞标《新闻联播》、《天气预报》及《焦点访谈》之间 4 分 40 秒广告时间，32 块标版的总底价为 5.416 亿元。因采取的是暗标形式（仅规定竞标底价，各企业在同一时间背靠背填写投标价码，开箱后价高者即为中标），急欲竞标成功的企业老总们只能根据对"假想敌"的推测进行一场一举定乾坤的豪赌。

极度的紧张、焦虑、亢奋甚至是疯狂，整个会场内外浮动的气氛就如同一触即爆的火药桶。所谓科学、严谨的成本测算已成笑谈，许多企业的投标定价几乎变为浪漫的写意：广东步步高选择了 80123456.78 元，后 8 位数从 1 到 8，意为"步步升高"；江苏春兰的 168888888 元，谐音"一路发"；广东乐百氏 199788684 元的数字更有意思，即"1997 年发发乐百氏"。

下午 3 时 10 分，酒类作为压轴戏开始唱标。1 亿元大关被轻易踏破，两亿元关口也很快失守。

唱到最后一标山东临朐秦池酒厂时，千人会场上骤然一片肃静——321211800 元！天价标王气吞山河，秦池酒厂厂长姬长孔顿时被潮水般的欢呼和掌声包围。有现场目击者描述说，那一刻，人们仿佛重新排演了万人簇拥、君临天下的《秦颂》。

有必要补充说明的事实是，就在这一次标王争霸赛前夕，中央电视台曾明确表示希望有非酒类企业问鼎夺魁，并对娃哈哈公司夺标寄予厚望。但娃哈哈婉拒，最终以 5801 万元低调摘得《天气预报》后 12 块 15 秒"A 特"标版的头牌。

中央电视台自 1995 年度开始公开竞标黄金时间广告时段，前 5 年为暗标，1999 年后改为明标，至今共产生"标王"8 位。

此后，中央电视台考虑到产品促销有淡旺季，为兼顾企业利益，将全年按每两个月为单位划分成 6 个广告单元。2001 年与 2002 年，娃哈哈公司分别以 2211 万元、2015 万元的"A 特"标版单元最高价，成为这两个年度事实上的广告"标王"。

关键的问题是，"标王"的桂冠给"标王"们各自带来了什么？从媒体披露的消息中我们不难找到这样一些数据：孔府宴酒加冕"标王"的当年，销售额直线上升，利税翻了两番多。更牛的是秦池，第一年当"标王"销售额就从上一年的 2.3 亿元猛增至 9.8 亿元。第二年竞标会上，姬长孔说的一番话至今广为流传：1996 年，我们每天给中央电视台开进一辆桑塔纳，开出的是一辆豪华奥迪。明年我们每天要开进一辆宝马，争取开出一辆加长林肯！

可惜，各路豪情一搏的"明星"大多成了过眼云烟。

2002 年 6 月，媒体爆出了"首届标王被零价转让"的消息。虽然几天后孔府宴酒公司董事兼副总经理刘荣玉旋即辟谣，说此报道失实，事实是山东联大集团以 8000 万元收购控股了公司的 90% 股份。但英雄落寞的结局总让人颇感无奈。至于"王中之王"秦池则早已风光不再、一蹶不振。2000 年 7 月，一家金属瓶帽的供应商指控秦池酒厂拖欠391 万元货款，法院判决秦池败诉。因无钱可还，被裁定拍卖"秦池"商标。第三代"标王"广东爱多夺得桂冠仅一年有余就被迫进入破产程序。2000 年 4 月 18 日，爱多原掌门人胡志标由于涉嫌商业欺诈，突遭汕头警方拘捕。

算上广东步步高，娃哈哈成为历届"标王"的硕果仅存者，而且是标王企业中至今一路高歌、品牌日隆、最具勃勃生机者。

纵观娃哈哈多年"标王"争夺战的表现，我们不难得出几点印象。其一，娃哈哈是一直参加中央电视台广告黄金时段竞标的少数企业之一，当属活得最长的品牌"常青树"；其二，娃哈哈是最为低调、最没有引起轰动的"标王"；其三，娃哈哈一直没有参与最热门的《新闻联播》后 5 秒标版的生死大战，而是紧紧盯住《天气预报》后 15 秒 "A 特"标版的头牌，并志在必得，连续 8 年中标。公司的说法是，15 秒 "A 特"标版更适合娃哈哈品牌的诠释，传播效果更佳，没必要放血抢风头。

这恰恰准确地体现了宗庆后坚定不移的广告理念：广告是企业发展必不可少的养料，并要保持高密度态势，但广告如何投放、投放多少，必须有利于企业持久做大、有利于打造持久品牌。一句话，实在、有效是最高准则。

有消息灵通人士发现，由于省级电视台尤其是卫星台影响力日渐扩大，2002 年娃哈哈公司又悄然开始实施"卫视联播"的广告新战略，即抢占各省级卫星电视晚间收视率最高的电视剧头条插播广告段位，统一制作，统一传播，形成娃哈哈品牌无所不在的强大声势。采取"中央军和地方军"两线并重策略调整的唯一解释，恐怕还是"实在、有效"。

营销点评：

"标王"风潮过后，多少秉承了"标王"遗传基因、热衷于无节制的广告轰炸的"哈医药"模式、"脑白金"现象等在中国广告市场再次掀起冲天波澜。宗庆后却依然埋头走自己"实在、有效"的路。

◆ 情感是广告宣传的一大撒手锏

消费者购买和使用商品在很多情况下是为了追求一种情感上的满足，或自我形象的展现。当某种商品能够满足消费者的某些心理需要或充分表现其自我形象时，它在消费者心目中的价值可能远远超出商品本身。也正因为这样，情感诉求广告在现代社会得以诞生，在今天更是得以蓬勃发展。因此，情感广告是诉诸消费者的情绪或情感反应，传达商品带给他们的附加值或情绪上的满足，使消费者形成积极的品牌态度。这种广告又叫作"情绪广告"或"感性广告"。

一、根据人类不同情感分类的情感广告

在广告中融入亲情、爱情、友情等情感，不仅赋予了商品生命力和人性化的特点，而且容易激起消费者的怀旧或向往的情感共鸣，从而能诱发消费者对商品的购买动机。

1. 亲情

亲情，是任何东西都无法代替也无法相比的。央视曾播出的佳洁士牙膏广告，大意是妈妈牙疼，小女儿看在眼里急在心里，砸碎心爱的存钱罐，给妈妈买了支佳洁士牙膏。这则广告一改过去与高露洁广告相似的实证风格，采用情感诉求方式，让现代小皇帝以崭新的形象出现，既注重广告的文化导向、提升了广告的文化品位、使受众产生情感上的共鸣，同时又使纯真，可爱的小女孩与佳洁士品牌形象一同在消费者的脑海里打上深深的烙印。

2. 爱情

广告史上有很多以爱情为主题进行诉求的案例，在感性消费时代的现代社会，广告诉求更是把爱情作为宠儿。

以绿箭牌口香糖为"媒",使火车上两个陌生的男女从相遇到相识,在结尾暗示着他们之间将会上演一场爱情故事。广告通过爱情故事的演绎,赋予了商品绿箭牌口香糖浓浓的情意。

3. 友情

友情也是人生命的一部分。"麦氏咖啡:好东西要与好朋友分享",这是麦氏咖啡进入台湾市场推出的广告语,由于雀巢已经牢牢占据台湾市场,那句广告语又已经深入人心,麦氏只好从情感入手,把咖啡与友情结合起来,深得台湾消费者的认同,于是麦氏就顺利进入台湾咖啡市场。当人们一看见麦氏咖啡,就想起与朋友分享的感觉,这种感觉的确很好。再看看贵州青酒的"喝杯青酒,交个朋友",将品牌定位于男人间的朋友情义,"好兄弟,讲情意""千金易得,知己难求"……可以想象,当朋友久别重逢或相约聚会之际,"喝杯青酒"便已表达了当时心中所有的激动与情感。该品牌让消费者所产生的联想,将为该品牌提升很大程度的顾客忠诚度。

4. 爱国之情

好的爱国诉求能激发出埋藏在消费者心中的爱国情绪的"火种",而对于广告受众来说,他们可以通过这种诉求感受到一种自豪感,一种民族尊严。体现爱国之情的广告诉求又可分为以下几类:

(1)国家认同感

国家认同感是一种归属感,体现了国家的凝聚力、向心力。比如,青岛啤酒虽然在国内享有盛誉,但在刚入港澳及东南亚等地区的市场时,针对港澳等地炎黄子孙热恋故土、思乡情浓的心理,有的放矢地推出了"美不美,家乡水"这一感人的广告口号,旨在通过弘扬和激发广大侨胞热爱祖国,热爱家乡的情愫,来实现宣传和销售产品的目标,因而取得了巨大的成功。此例中的海外华人热爱祖国热爱家乡的情愫就是国家认同感的体现。

（2）民族自豪感

以民族自豪感作为广告诉求点的广告也较为常见：例如饮料品牌"非常可乐"也曾走过这条路，广告标语"非常可乐，中国人自己的可乐！"就极富煽动性；"海尔，中国造"等，也有异曲同工之妙。

（3）民族自信心

具有民族自信心的广告，经典的如科龙冰箱的一则广告片，广告语为：中国有许多走向世界的第一次，今天科龙冰箱荣膺第一台进驻联合国的中国冰箱，显得自信、从容、大气。还有如"走向世界的品牌春兰""中国人，奇强！"等。

二、结合某些特殊事件的情感广告

1. 节日

利用节日进行情感的诉求是一种很普遍的广告形式。如劲酒的广告就是利用中国最浓重的传统佳节——过年来进行情感诉求的：过年了，朋友相聚，难免吃吃喝喝，在大家吃得热热闹闹的时候，一个美丽的女人出来提醒自己的丈夫"劲酒虽好，可不要贪杯哦"，然后是一片爽朗的笑声。其中表现出朋友间浓浓的友情，妻子对丈夫甜蜜的爱意；愉快的气氛洋溢其中，广告切合过年时候的喜庆气氛，为商品注入了浓烈的情感因素。

2. 社会事件

人类的情感是微妙的东西，品牌要想通过情感诉求打动消费者的心，首先就得了解当前消费者心里最关心什么，什么容易触动消费者的心弦。结合新闻、事件、引人瞩目的社会动态等进行情感的诉求，是最容易引起消费者的注意和感情触动的。

比如在我国"神舟5号，6号"成功实现载人航天的时候，我国人民的爱国之情和自豪感空前高涨的时候，内蒙古蒙牛乳业股份有限公司马上抓住了商机，迅速推出广告"蒙牛牛奶是中国航天员专用牛奶"，利用引起受众对中国航天产生自豪感的这一新闻事件来吸引消费者。

三、情感广告的诉求方式

1. 直接作用诉求方式。

情感影响态度的直接方式最容易发生在下述场合：人们较少了解对象和较少信息加工的机会。广告诉求的心理机制是经典条件作用和社会学习过程。其结果是形成"移情"，即将情感信息与特定的广告商品或服务信息意义联系起来。

2. 间接作用诉求方式。

间接作用诉求方式即情感通过对信息加工过程间接影响态度的变化。情感对信息加工过程的影响，一种表现是当情感体验同显示的材料内容一致时，人们的回忆要比对不一致的材料回忆得更好。而且，在提取记忆的内容上，积极的和消极的两种情感体验会导致不同的倾向性，即各自倾向于不同性质的记忆内容。另一种表现是在信息加工程度上，对于令人振奋的说服信息，积极性情感体验者比消极性情感体验者了解得更多；而对于令人沮丧的说服信息则相反。这些都表明情感影响信息加工过程的认知反应，进而影响其态度变化。

营销点评：

　　　　情感广告依靠的是以情动人，如果广告中没有真情实感，只有冠冕堂皇的空话或者虚情假意，那么这样的广告不做也罢。

◆ 借助合适的媒体宣传

每个人每时每刻都在传播信息，传播是每个人生活中不可少的基本资源，作为传播路径中最为重要环节——媒体，为信息传播提供了一个大平台，通过媒体，能让更多的人听到信息，对信息的传播起着重要的作用。广告营销正是需要让越来越多的人了解到产品，所以，利用媒体的力量是广告宣传的有效途径。

滇虹药业为了抢占"药物去屑"市场，跨入日化去屑地盘，做大"药物去屑"品类，做强康王品牌从而带动滇虹药业大发展这个目标，做了大量的广告宣传推广工作。

提升康王品牌价值，首先就要打造一支既能传达品牌独特价值，又能触动顾客的广告片。

他们邀请陈道明作为康王的代言人，利用明星效应提高广告的影响力。

2008 年 11 月 18 日，滇虹药业相关负责人参加了中央电视台 2009 年黄金资源广告招标会，顺利拿下中央一套第二单元 A 时段媒体资源。再加上之前已经签订的安徽、江苏、重庆、河南、东方等 10 大卫视的媒体投放，滇虹药业建立了庞大的康王品牌传播网，强力覆盖全国市场。

同时，康王还在网络、杂志、地方媒体等其他多个媒体中进行广告宣传，加强火力进攻。

2009 年 2 月 1 日，春节假期刚过，陈道明代言的康王发用洗剂广告，在 CCTV1 天气预报后的黄金时间播出。康王抢占"药物去屑"市场的"战役"全面打响。正是通过组合各种媒体的力量，康王成了家喻户晓的洗剂品牌，成功确立"药物去屑"市场的龙头地位。

由此可见媒体的力量之大。但是不同媒体的观众不同，所以广告策划人一定要明白各种媒体特点，选择合适的媒体做广告，这样才能让更多的目标顾客群接触到广告。在众多的媒体中，电视、报纸、杂志、广播因传播范围广，接触顾客多，号称四大广告媒体。近年来互联网技术的飞速发展，使得网络一跃成为广告媒体中的新秀，被称为第五大广告媒体。除了这五种主要的广告媒体，还有一些辅助媒体，如户外广告、直接信函、POP 广告等。

如此众多的媒体为企业广告宣传提供了广泛的宣传平台，企业该选择那种媒体来进行广告宣传呢？可以考虑以下因素后做出决定。

1. 媒体的特性

不同广告媒体在送达率、影响力、表现手法、目标受众等方面都不相同，从而产生的广告效果也有显著差异。因此，企业在选择广告媒体时，必须首先了解不同媒体本身的特点，以选到最合适的广告媒体。以下是不同媒体的特性。

（1）电视综合视听，兼具动感，感染力强，送达率高，重复出现性好，受众选择性差，成本高，展露时间短，干扰多。

（2）报纸时效性强，读者面广，针对性强，送达率相对较高，可信度高，制作简单，成本低寿命短，表现手法单调，不易引起注意，重复出现率低。

（3）杂志针对性强，图文并茂，视觉效果好，可信度高，重复出现率高，干扰小，寿命长时效性较差，功效慢，受众接触度较低，版面位置选择性差。

（4）广播覆盖面广，传播速度快，送达率高，成本低，地区和人口选择性强，只有声音效果，注意力比电视低，展露时间短。

（5）网络覆盖面广，具有双向性，灵活，信息含量大，重复出现性好，时效性强，成本低管理不规范，可信度较差，干扰大。

（6）邮寄受众选择性好，灵活，个性化，竞争干扰小，制作简单但投递成本高、传播范围不广。

（7）户外广告注意度高，重复展露多，成本低，竞争少，受众选择性差，受场地限制。

2. 目标顾客的媒体习惯

不同的人由于职业、受教育程度以及生活习惯的不同，对不同广告媒体的接触习惯也不同。比如，办公室人员看报纸的机会比其他人就多得多，年轻人中喜欢看体育杂志的人显然比老年人多，小孩子则受电视广告的影响大。因此，企业在进行广告媒体选择时，必须充分了解目标顾客接触媒体的习惯，选择他们接触最多的、最信赖的媒介。

3. 产品和信息特点

在做广告时，常常出现这样的情况，一些在这种媒体上效果很好的产品广告，拿到另一种媒体上去做，却不能收到同样的效果。这是因为不同的产品有不同的特点，对广告媒体也有不同的要求，或者说，不同广告媒体适合于表现不同的产品特征。比如，功能复杂、需要较多文字详细介绍的产品，应选择不受时间限制的平面媒体如报纸杂志等；对于主要表现外观特点，无须很多文字说明的产品，以选用电视媒体为宜，利用其兼备视觉听觉的效果，让顾客在看广告时产生购买的欲望。

4. 成本

不同广告媒体所耗费的成本相差很大，电视广告很贵，报纸广告则相对便宜。1997年"爱多"勇夺中央电视台黄金时段广告标王称号，出价高达 4 亿元，这是许多中小企业想都不敢想的。即使是同种媒体，因覆盖面大小不同，费用相差也很大。如中央电视台比省级电视台的广告费用贵 10 倍左右，黄金时段的广告又比其他时段的广告贵得多。不过，最重要的不是绝对的成本差异，而是受众人数与成本之间的相对关系。企业在选择广告媒体时，应根据不同媒体的广告成本，以有限的广告预算，实现最大的广告效果。

5. 国家政策法规

现在，世界各国都制定了广告管理政策和法规，对广告的内容、发布程序、媒体的业务范围等各方面作出了明确的规定。比如，许多国家，包括中国在内，就对烟草、烈酒的广告在媒体选择上有一定的限制。因此，在为产品选择广告媒体时，应注意是否存在有关的政策和法规限制。

总之，在信息化程度越来越高的现代社会中，广告是企业促销活动中最有效和最常见的手段。企业要充分利用媒体的力量宣传产品。

营销点评：

如果企业能够把目标对准某些顾客，广告将会发挥出让人想象不到的效果。

◆ 入乡随俗，打造本土化品牌形象

各个地区都有自己的风土民情，风俗习惯，也有各自独特的文化、信仰，而这些不同，直接影响到人们的消费行为。如果企业想要在新的领域站稳脚跟，最好的方式是让自己融入这个地区，让顾客在心里不会产生抵触，迅速认可产品。所以，在打广告的时候，要入乡随俗，融入当地的风土民情，迎合当地顾客。

在红牛进入中国市场 11 年后，中国饮料市场"诸侯割据、群雄纷争"，但先入为主的红牛饮料不仅没有在竞争中萎缩市场，反而于 2006 年 7 月在湖北建设起第三个生产基地，持续呈现业绩提升的趋势，以骄人的业绩一直占据功能型饮料首席位置，并成为能量饮料的代名词，这个过程堪称营销经典。

红牛进入中国市场前期，面临的是一个完全空白的市场。对许多营销人士而言，那是一个彻底的"蓝海"。当时的中国市场，饮料并不多，知名的外来饮料有可口可乐和百事可乐，运动型饮料有健力宝，几大饮料企业营销能力都非常强，各自占据大范围的市场。红牛饮料要想从这些品牌的包围中迅速崛起，不是一件容易的事情。

作为一个风靡全球的品牌，红牛在中国的风格非常明显，以本土化的策略进入中国市场，为此，他们一是宣称红牛虽然来自泰国，但却是华人创造的配方，在市场进入初期大力宣传这个概念，很有力地让品牌带有中国痕迹，和可口可乐之类的洋品牌有明显的差异；二是红牛的品牌名称完全地中国化，其英文名称只是作为辅助使用，而两头红牛撞出一个太阳的醒目标志更是强化了这一点。红牛，红字当头，

牛劲十足，适合中国人吉祥如意的彩头。

另外，其又通过大力的媒介推广、强大的终端建设进行组合，努力和本土品牌靠近，减轻其"外国品牌"的痕迹，这在当时是符合中国顾客实际心理需求的。

于是，在中国的某些城市，红牛刚进入市场，礼品套装就销售得非常红火以至脱销。除此之外，红牛总部最初设在深圳，而后移到北京，并将生产基地也建设在中国，更表明了红牛要在中国大力发展的决心。

通过这一系列本土化策略的实施，在短短的一两年里，汽车司机、夜场娱乐人士、经常熬夜的工作人员、青少年运动爱好者，都成为红牛的忠实顾客群体。红牛一举成为中国功能型饮料第一品牌，在中国享有很高的知名度。

通过品牌形象本土化策略的实施，促进了产品和顾客的接触，有利于产品与顾客建立联系，使产品迅速在人们心中树立形象，促进销售。那么，在树立品牌本土化时，企业该从哪些方面进行广告宣传呢？

（1）突出本质属性。也就是品牌区别于其他品牌的属性。

（2）营造品牌文化氛围。将品牌附带上地方文化氛围，让当地顾客看到产品后立刻想到他们喜欢或熟悉的文化。

（3）针对的目标顾客。广告宣传要围绕目标顾客展开，根据他们喜欢的文化或者元素，来进行广告宣传。

营销点评：

如果能跨越不同文化、语言、社会和经济发展的区域限制，并能在活动中包含一些让人有新鲜感的元素，那么，这个活动就很成功。

◆ 使用合理的营业推广手段

进行营业推广活动，也要和制定广告策略一样，先确定促销的目标而后采用相应的手段。

1. 确定营业推广目标

企业若想使营业推广活动真正起到作用，首先应该做的就是要确定营业推广目标。

促进销售的总目标，是通过向消费者报道、诱导和提示，促进消费者产生购买动机，影响消费者的购买行为，实现产品由生产领域向消费领域的转移。但在总目标的前提下，在特定时期对特定产品，企业又有具体的营业推广目标。例如，针对某些产品，企业的营业推广目标可以是引起广泛的社会公众注意，报道产品存在的信息；也可以重点突出产品特点、性能，以质量、造型或使用方便吸引顾客；还可以强调售后服务优良等。总之，在进行营业推广时，要根据具体而明确的营销目标，对不同的营业推广方式进行适当选择，组合使用，从而达大到营销推广目标的要求。

2. 选择合理的营业推广手段

营业推广的方式很多，企业要根据市场类型、销售目标、竞争环境以及各种推广方式的成本和效益等选择适当的营业推广工具。对不同的推销对象，其工具也不同。

根据营业推广形式，一般可将其手段分为以下三类：

（1）用于消费者的营业推广手段。

①样品：免费提供给消费者或供其试用。可以邮寄、送上门或在

商店提供。赠样品是最有效也是最昂贵的介绍新产品的方式。

②赠品：是指以较低的代价或免费向消费者提供某一物品，以刺激其购买某一特定产品。一种是附包装赠品，还有一种是免费邮寄赠品，即消费者交还诸如盒盖之类的购物证据就可获得一份邮寄赠品。另一种是自我清偿性赠品，即以低于一般零售价的价格向需要此种商品的消费者出售的商品。制造商在给予消费者名目繁多的赠品上一般都印有公司的名字。

③优惠券：是一个证明，持有者在购买某特定产品时可凭此券按规定少付若干金钱。优惠券可以有效地刺激成熟期产品的销售，诱导对新产品的早期使用。

④奖品（竞赛、抽奖、游戏）：奖品是指消费者在购买某物品后，向他们提供赢得现金、旅游或物品的各种获奖机会。竞赛要求消费者呈上一种参赛项目，可以是一句诗、一种判断、一个建议，然后由一个评判小组确定哪些人被选为最佳参赛者。抽奖则要求消费者将写有其名字的纸条放入一个抽签箱中。游戏则在消费者每次购买商品时送给他们某样东西，如纸牌号码，字母填空等，这些有可能中奖，也可能一无所获。所有这些都将比优惠券或者几件小礼品赢得更多人的注意。

⑤免费试用：对于汽车、房产等昂贵产品，可采用免费试用。邀请潜在顾客免费试用产品，以期他们购买此产品。

⑥现场示范：企业派人将自己的产品在销售现场当场进行使用示范表演，把一些技术性较强的产品的使用方法介绍给消费者。

⑦组织展销：企业将一些能显示企业优势和特征的产品集中陈列，边展边销。

（2）用于中间商的营业推广手段。

①批发回扣：企业为争取批发商或零售商多购进自己的产品，在

某一时期内可给予一定数量企业产品的批发商以一定的回扣。

②推广津贴：企业为促使中间商购进企业产品并帮助企业推销产品，可以支付给中间商以一定的推广津贴。

③销售竞赛：根据各个中间商销售本企业产品的实绩，分别给优胜者以不同的奖励，如现金奖、实物奖、免费旅游、度假奖等。

④免费产品：制造商还可提供免费产品给购买某种质量特色的、使其产品增添一定风味的或购买达到一定数量的中间商，即额外赠送几箱产品。他们也可提供营业推广资金，如一些现金或者礼品。制造商还免费赠送附有公司名字的特别广告赠品，譬如钢笔、铅笔、年历、镇纸、备忘录和码尺等。

（3）用于销售人员的营业推广手段。

①免费提供人员培训，技术指导。

②销售竞赛：其目的在于刺激他们在某一时期内增加销售量，方法是谁成功就可获得奖品。许多公司出资赞助，为其推销员举办年度竞赛，或季度竞赛，以激励销售人员完成较高的销售指标。

③纪念品广告：纪念品广告是指由推销员向潜在消费者或顾客赠送一些有用的但价格不贵的物品，条件是换取对方的姓名和地址，有时还要送给顾客一条广告信息。常用的物品有圆珠笔、日历、打火机和笔记本等。这些物品使潜在顾客记住公司名字，并由于这些物品的有用性而引起对公司的好感。纪念品广告可帮助推销员提高推销量。

营销点评：

　　营业推广是刺激消费者迅速购买商品而采取的营业性促销措施，是配合一定的营销任务而采取的特种推销方式。营业推广是一种短期的销售行为。

第五章 好产品都是卖出去的——总经理要打造营销团队

一个品牌能否在市场上有出色的表现，归结于这个品牌有没有一支高效的营销团队，营销团队的竞争力，决定了企业的市场竞争力。打造一支能征善战的高效营销团队是销售部目前乃至今后销售管理的重中之重。

◆ 主管的素质是营销团队发展的关键

来自市场的竞争激烈程度丝毫不逊色于战场上的冲锋陷阵，在成败这一重大问题上，我们必须把目光专注于竞争双方的领导者身上，他们的素质从根本上决定了较量的最终结果。那么在销售行业中，主管的素质有哪些特别重要的内容呢？

一、主管威信可以整合团队力量

威信会在人的内心深处产生强大的认同感和潜意识的约束力。在一个团队中，销售主管作为领导者必须形成自己的威信，无论是平易近人还是不怒自威，都是必要的。那么销售主管树立自己的威望应该从哪些地方入手呢？

1. 在销售人员中形成良好的最初印象

从心理学的角度来看，第一印象对人的影响最深刻、最牢固。很显然，销售主管假如新官上任，一定要注意塑造好自己的新形象，并注意在下属中建立自己的威望。

2. 学会正确地运用手中的权力

任何事物都是一分为二的，权力虽好，但假如不懂得合理正确地使用，会收到适得其反的效果。所以销售主管作为销售团队的领导者必须明确，自己手中的权力是用来为组织服务和实现整体发展目标的。只有这样，我们才会在以后的管理工作中致力于组织的协调和团队的发展，帮助员工成长，解决实际问题和困难。也只有如此，销售主管才能迈向成功的顶点。

3. 创造出色的工作成绩

权威不是凭空产生的，它来自领导者的出色管理业绩，所以销售主管要投人巨大的精力为团队的发展作出自己的贡献，在一定时期内提升组织整体的力量，帮助销售人员不断进步。很显然，那些口头上的管理是不得人心的，必须有可见的业绩支撑，销售主管才能获得大家的认同，才能向销售人员证明你能胜任领导工作，才能得到他们的尊敬和信赖。除此别无他途。

4．正确对待每一位下属

领导者的威望建立是全体成员认同的结果，而组织中的成员是独立和分散的，所以销售主管要理解、尊重销售人员，关心销售人员的工作、生活、学习情况。这种被重视的感觉会得到他们的感激和肯定，从而在双方之间产生对应的认同关系。

5．取信于员工

实际上，威望也叫威信，信用是它的应有之义。销售主管要建立自己的威信，必须注意说与做的统一，说到的一定力争做到，做不到的就不要轻易许诺。只有这样才能取信于下属，在团队中树立威信。

二、掌握命令的艺术

管理是一种权力的行使过程，在这一行动阶段，销售主管要把切实可行的行动计划组织销售人员实施好，所以对销售人员的命令必不可少。而销售主管尤其需要注意的是，如何下命令才能使预期目标得到最优化实现，而不是局限于权力本身的行使陷阱里。所以，销售主管作为领导者必须掌握命令的艺术。

1．下命令要慎重

言出必行是领导者的准则，而一个管理指令的下达常常涉及众多人员，会产生各种各样的信息反馈甚至有很多负面的结果，所以销售主管在下命令的时候一定要慎重，所谓三思而后行就是这个道理。我们必须考虑到，这个命令是否合理以及有无必要。对此，作为领导者下令前要征询意见，谨慎思考，使指令更有可操作性，绝对避免朝令夕改的情况。

经常会看到，销售主管在工作繁忙的时候，突然有一件事情需要他处理，他认为这个事情不重要，于是就随手安排给他的下属去完成。当这种状况发生时，你可能忽视了这样一个事实，那就是下属对这件事情的具体情形以及利害关系可能并不清楚，而他为了完成工作，可能采取鲁莽的行为。而这就是一个并不妥当的命令下达状况。

还有一种情形，销售主管安排下属去执行某项任务，而常常出现这样的结果——员工发现自己执行的是一个没有意义的命令，做的是无用功。这将会对销售主管的管理能力产生怀疑，甚至对管理者本人产生反感。这些都会损害管理者在员工心目中的形象，从而降低管理者的管理影响力和穿透力。

2. 下命令要简洁明了

在下达命令的时候，销售主管要注意对不同的工作人员采取合适的语句，要简洁明了地让下属能够很容易抓住要点。对此，销售主管作为管理者必须让工作人员明白：什么是自己应该做的，这次行动要达到什么样的目标等等。否则，他们会为了自己具体负责什么事情而糊涂。

3. 建立公正的执行评价体系

正如销售主管下达命令要深思熟虑一样，销售人员也必须明确必要的执行评价体系才能保证命令执行的最佳效果，这种执行评价体系是销售主管在下达命令以前必须明确的。而且，事后的惩戒与奖赏不能带丝毫主观意识。只要主管襟怀坦荡、就事论事地执行奖罚政策，销售人员纵有怨气，日久也会释然。

三、要有成功者的思维方式

在主管的诸多素质中，成功者的思维方式是非常重要的一个主题，因为我们所有努力的行动最后都要归结为获取成功的目标。那么销售主管如何把握成功者的思维模式呢？首先是要学会用领导的思维方式看问题，这就是说我们要用辩证的观点和大局意识来看待各种问题。可以说，成功管理是最灵活多变的行为方式，所以销售主管必须建立自己的成功模式与思维方式。

四、把握时间管理

任何管理工作既是预期目标实现的过程，也是为了实现这一目标而在一定时间内进行的管理工作。所以对销售主管来说'我们成功的关键就是要在预期时间里实现预期目标。

所以时间管理被提出来，应该而且必须成为销售主管工作的重要内容。为此，我们需要：

1. 合理选择目标

不可否认，每个人的精力都是有限的，为了如期完成预定目标，销售主管需要指导下属选择策略性工作目标。只有分清主次，又各司其职才能圆满地完成计划。此外，在工作进行时，销售主管还要反省及检讨工作进度，包括检讨先前已做好的规划及策略性选择。假如工序受阻时，可即时找合作的同事或上司，商量解决问题的方法，以避免问题进一步恶化，导致难以收拾的局面。

2. 注重流程控制

事实上，许多团队与办公室都引入时间管理的概念，从而提高个人及企业效益。时间管理最重要是有清晰的工作计划及目标，懂得定先后次序，如果掌握不到重点，便会本末倒置。在一个组织里，不同工作岗位上的人，面对时间管理时都有不同的问题。所以作为一个团队的负责人，销售主管要在时间的基础上掌握流程控制。

事实上，在一个销售团队中，销售主管和其他助手实际上都承担着或多或少的营业目标，他们每月、每天甚至每小时的时间都是非常宝贵的。因此，管理的大忌是掉入琐事缠身的陷阱而忽略了培训、检核、与销售人员沟通等重要工作，最后形成恶性循环。

营销点评：

领导者威信的树立是一个积累的过程，需要销售主管不断地努力经营。因为只有建立起自己的威信，我们才能在后继的工作中应对更大的挑战和困难，实现预期的目标。而这也是销售主管灵活掌握成功法则的基础。

◆ 团队精神是最有力的核心竞争力

企业之间的竞争最终是人才的竞争。对企业而言，一个个人才就像一颗颗晶莹圆润的珍珠，企业不但要把最大最好的珍珠买回来，而且要有自己的"一条线"，能够把这一颗颗零散的珍珠串起来，串成一条精美的项链。如果没有这条线，珍珠再大、再多还是一盘散沙。那么，这条线是什么呢？就是能把众多珍珠凝聚在一起，步调一致，为了共同目标而努力的团队精神。

一家有影响的公司招聘高层管理人员，9名优秀应聘者经过初试，从上百人中脱颖而出，闯进了由公司老总亲自把关的复试。

老总看过这9个人详细的资料和初试成绩后，相当满意。由于此次招聘只能录取3个人，所以，老总给大家出了最后一道题。

老总把这9个人随机分成甲、乙、丙三组，指定甲组的3个人去调查本市婴儿用品市场，乙组的3个人调查妇女用品市场，丙组的3个人调查老年人用品市场。老总解释说："我们录取的人是用来开发市场的，所以，你们必须对市场有敏锐的观察力。让大家调查这些行业，是想看看大家对一个新行业的适应能力。每个小组的成员务必全力以赴！"临走的时候，老总补充道："为避免大家盲目开展调查，我已经叫秘书准备了一份相关行业的资料，走的时候自己到秘书那里去取！"

两天后，9个人都把自己的市场分析报告送到了老总那里。老总看完后，站起身来，走向丙组的3个人，分别与之一一握手，并祝贺道："恭喜三位，你们已经被本公司录取了！"面对大家疑惑的表情，老总呵呵一笑，说："请大家打开我叫秘书给你们的资料，互相看看。"

原来，每个人得到的资料都不一样，甲组的 3 个人得到的分别是本市婴儿用品市场过去、现有和将来的走势分析，其他两组的也类似。老总说："丙组的三个人很聪明，互相借用了对方的资料，补全了自己的分析报告。而甲、乙两组的六个人却分别行事，抛开队友，自己做自己的。我出这样一个题目，最主要的目的是想看看大家的团队合作意识。甲、乙两组失败的原因在于，你们没有合作，忽视了队友的存在！要知道，团队精神才是现代企业成功的保障！"

正如这位老总所言，团队精神是现代企业成功的保障。团队已经不是一个可有可无的概念，就像鱼儿离不开水，鸟儿离不开天空，员工也离不开他所在的团队。团队的目标就是所有成员共同的目标，团队价值就是员工个人价值的最高体现，团队是一种意识，也是一种习惯，而团队精神的树立是建立在对团队所能产生的巨大价值的判断之上。

为了团队目标，团队的成员应该团结在一起，以便企业和老板调动主观能动性、挖掘成员的个人潜能，实现个人价值的最大化，最终推动团队业绩的整体提高。

能否形成一个优秀的团队，主要取决于三方面的因素：一是构成团队的每个个体的素质；二是个体彼此之间的相互关系；三是团队管理者的能力。

一个优秀的团队，大家都养成了一种把团队的事视为自己的事的习惯，如团队中的任何人在经过一张空桌子时，正好桌上的电话响了，他们都会负责接听这个电话，即使他们所能做的仅是捎个信而已。如果一个团队成员有件紧急任务要完成，团队领导就要召集其他可利用的人在较短时间内帮其做完。

IBM 在招聘新员工时，协作能力是很重要的一个考核标准。IBM 公司人事部门对此的解释是："现在社会单凭一个人的力量，是难以成功的。那些只会埋头苦干搞研究、协调和沟通能力弱的技术人才，虽然在高校、政府等研究部门还很多，但在大公司中已不多见。因为在新型的 IT 公司中，这些人越来越难适应公司在协作方面的要求，而且，员工的协作能力差，必然会影响公司的绩效。"

微软公司也很看重员工的团队合作精神。"就招聘员工而言，我们有一套很严格的标准，最必要的是团队精神。"微软的高级人力资源经理说："如果一个人是天才，但其团队精神比较差，这样的人我们不要。"

在甲骨文公司，通过面试的应聘者将要参加小组评估，每个小组提供一个案例，由应聘者合作解决，并为应聘者的表现打分。团队考核是进入甲骨文最关键的环节，应聘者要充分展现自己的专业基础、解决问题能力、团队合作精神、创新精神等。

任何公司的发展和壮大，都依赖员工的有效合作。在做一个项目时，所有关键人物都能团结合作，就像一个积极性很高的个人一样，目标一致、全力以赴地行动。那种"只顾自己、不顾集体"的员工，是不受老板和同事的欢迎的。

营销点评：

优秀的员工应该具有良好的团队合作精神，能与其他员工团结、合作、互助，努力去实现企业的奋斗目标。当个人利益与集团利益发生矛盾时，能以大局为重，而不是以自我为中心。

◆ 用业绩证明自己的价值

业绩是检验员工能力的标准，也是员工证明自己价值的有力武器，能带来良好业绩的员工才是公司最宝贵的财富。工作中，没有人会注意你过程中的酸甜苦辣，老板关心的只是你做出的成绩，如果你没有业绩那么一切的努力都将是白费。所以，员工就要做出出色的成绩，让业绩证明自己的价值。

现在的社会是"以业绩评英雄"的时代，以前那种凭借学历、后台就可以升职的现象再也不存在了，所以对于每个人来说，无论你是想"升值"还是想升职，都需要拿出一个令人满意的业绩来，而且也只有提供业绩才最有说服力。在激烈的竞争环境中，只有好的业绩才能把一个优秀的员工和那些平庸者、混日子的人区别开。企业在人才选拔的时候，不是仅仅看文凭和其毕业的大学，而要看他为企业做了哪些贡献，提供了什么样的业绩。

在美的内部流传着一种说法，老总们的排名是按当年提供结果好坏顺序而定的。从美的集团CEO何享健往下，都将结果视为衡量职业经理人表现的重要标准。美的每年都会与职业经理人签署一份绩效考评书，指标包括赢利水平、市场占有率、营业额、基金管理、风险控制能力、经理人管理能力等。美的对中高层职业经理人的职业规划只有一个基本政策，就是经理人能力越强、业绩越突出，就会赋予他越大的权力和管理范围。

俗话常说"不管白猫黑猫，捉住老鼠就是好猫"，这就告诉我们一个员工是否合格最关键的就是能否取得良好的业绩，结果是评判能力高低的重要标准。

A、B、C三个人一起供职于一家加工贸易公司。虽然公司的产品不错，销路也不错，但由于公司前一任销售经理跳槽，使得一些货款无法及时收回。

外地有一大客户，半年前就买了公司10万元的产品，但总是以各种理由迟迟不肯支付货款。于是，公司决定派A业务员去要账。那位大客户没有给甲业务员好脸色，他说那些产品在当地销售一般，让A过一段时间再来。A觉得这位大客户不好惹，心想他欠的又不是我自己的钱，跟我没什么关系，于是便返回了公司。

A业务员无功而返，公司只得派B业务员去要账。B找到那位大客户，大客户的态度依然很强硬，说这段时间资金周转也很困难，让B体谅他的难处，他还找借口说等他的资金到位了一定还钱。业务员B也无功而返。

没办法，公司只得再派C业务员去要账。C刚刚跟那位大客户见面，就被大客户指桑骂槐地教训了一顿，说公司三番两次派人来要账，摆明了就是不相信他，以后没法合作了。但是，C并没有被客户的软硬兼施吓退，他想尽办法试图说服那位大客户。

C对大客户动之以情、晓之以理，说到最伤心处，连大客户眼睛也湿润了，冲动之下他开了一张10万元的现金支票给丙。

当C业务员很开心地拿着支票到银行取钱时，结果却被告知账上只有99920元。很明显，对方耍了个花招，给的是一张无法兑现的支票。眼看第二天就是春节放假的日子，如果不能及时拿到钱，肯定又只能拖延下去。想到这，C业务员灵机一动，自己拿出100元钱，把钱存到客户公司的账户里去。这样一来，户里就够10万元了，C立即将支票兑现了。

当 C 业务员带着这 10 万元货款回到公司时，公司的领导对他刮目相看，觉得他不辱使命，并让公司其他的员工都向他学习。后来，公司发展得很快，他自己也很努力，结果在不到 5 年的时间里就当上了公司的副总经理，后来又当上了总经理。而 A 和 B 却依然还是公司里最普通的业务员。

可以说，是否取得业绩成为 C 业务员与 A、B 两个业务员的一道分水岭：C 通过自己的努力创造了业绩，也获得了老板的肯定；而 A、B 因为业绩平平，只能做一名普通的业务员。毋庸置疑，C 获得了老板的青睐，并在职场上顺风顺水就在于他取得了业绩，贡献了利润。

我们在衡量一个物品的价值时都会用"物有所值"来形容，在工作中员工的价值也要做到"物有所值"。任何人要证明自己的能力和价值，唯有靠真本领来取得惊人的结果。考核员工能力的标准，是你提供的结果，也唯有你提供的结果才能体现你的价值，让你"物有所值"，得到你应得的报酬；考核领导能力的标准，是领导的业绩和提供的结果，企业只看重领导取得的业绩和提供的结果，除此之外，别无其他考核的准则。

营销点评：

因此，职场中，我们只有不断地提升业绩、才能做到名副其实，才能成为一个真正对公司有价值的人。而那些只有花架子而无真本领的人，是无法赢得他人的尊重与常识的。

◆ 如何让优秀业务员留下来

一些公司招聘的业务人员不理想，往往责怪人事部门办事不力，或者埋怨自己公司的规模太小，要不就是老板给的薪水太低，缺乏竞争力。那你有没有想过其他公司厉害的业务员是从哪里来的呢？竞争对手或者其他行业的企业又是如何做的？

你像卖产品一样把公司推销给应聘者吗？应聘者如果对公司不了解，对公司未来的发展不清楚，他怎么可能有兴趣留下来与你共事？也许你会说："我们既介绍了公司，也告诉了应聘者公司未来发展的趋势，可是效果一般般啊！"切记：销售是设计出来的，人员招聘也是如此。如下操作模式已在多家企业实践过，效果不错，值得大家参考、借鉴：

首先，大面积、大范围地招聘。一定要有气势才能聚拢人气，所以要统一通知应聘者来公司面试，而不是要他们单个来面试。

面试当天，先组织应聘者参观企业，当然事先要布置好，包括公司的环境要整洁，员工的着装必须职业，不能穿休闲装，等等。

然后，把应聘者集中在会议室，让他们等待 10 分钟。在此期间，播放企业宣传短片，可以反复播放，直到时间到为止。

接下来，公司的人事经理出面致欢迎词，介绍公司基本情况，并隆重介绍公司的总经理出场。

总经理介绍行业、企业发展现状，以及对未来的展望，让应聘者知道他所面对的是什么行业和企业，了解该总经理又是如何看待行业与企业的发展前景的。总经理讲话控制在半小时左右。

接下来，安排一位入职3个月的新员工分享自己的成长体会。另外，安排一位工作年限比较长的老员工来分享他的工作心得。新老员工的讲话时间都控制在5～8分钟，分享的内容必须要真实感人。

之后，部门经理发布所需员工的岗位要求，以及对应聘者的期望。

以上所有讲话内容都必须提前沟通，确定主题，不要即兴发挥。要达到使应聘者了解行业，了解公司，了解岗位，对行业、企业产生信赖，对新岗位满怀信心的效果。尤其对于销售岗位，更要有鼓舞人心的气势。

铺垫工作做好了，再进入第二阶段——面试。人事经理需要安排若干面试官，把应聘人员分号，按顺序面试。此时，即使有人离场，也不要干涉他，因为大部分人还是会等待的。气场、氛围有了，观望的人就会多。等待期间，一定要提供茶水和企业产品的介绍资料、产品影像资料的播放等，不要让等待变得枯燥、无奈。面试时间也要控制在一个人5～10分钟，符合基本条件的可以再安排复试。关键是，不要让应聘者在会议室等得太久，最后两位应聘者还要有人陪同聊天，让所有应聘者觉得这家公司的感觉不错，很温馨。

接下来，就是按照公司需求去挑选符合条件的员工了。

营销点评：

招聘普通销售人员，千万不要以性格来区别，能说会道的不一定能做业务，看上去不太善于表达的人不一定业绩做不好。

◆ 如何让营销人员具备狼性

销售人员并非天生就是销售人才，也并非天生就具备狼性。销售经理的一个重要任务就是将销售人员培养成一个狼性销售团队所需要的人才，使其具备狼性。

1. 不经历风雨，怎能见彩虹

历朝历代的开国者，其智商和情商生来就那么高吗？其实不然，他们是被挫折摧残、蹂躏和折磨出来的人才。作为一个领导者，销售经理要善于给下属施展拳脚的机会，同时也要给他一个犯错的机会。如果一个人永远没有犯错，永远没有错过任何的机会，那么他永远都成长不了。俗话说"大树底下好乘凉"，但是大树底下一般都没有强壮的植物，如果销售经理这棵大树替员工阻挡了一切风雨，那么员工只能像小草一般蜷缩在大树周围，最终使自己灭亡。

有人说，某些人生来就很有自信，自己生来就是自卑的。这样的说法是错误的，自信绝对不是天生的，自信是磨炼出来的，只有经历过风雨，才能有见到彩虹的机会。所以我认为要给员工机会，让他去挑战，如果一个员工不能承担，那么他永远都不能成为人才。

不要轻易说自己的企业没有人才，不要抱怨员工缺乏狼性，销售经理可以逼员工成长，慢慢地磨炼他们，总有一天员工会变成狼性销售团队所需要的人才。领导要让员工能够承担，能够对自己的行为负责。所以，要培养人才，首先要让他们学会承担，其次要不断地对他们进行历练，这样员工才能够成长起来。

当然，能否增强销售人员的狼性，培养出人才，还要看员工的心理因素。能够经历多种磨难，最终成长为公司不可或缺的人才的员工，其心理素质必然要过硬。若是员工心理素质非常差，经不起任何打击，他在挫折中不但不能锻炼自己，还会不断地否认自己的能力，最终在挫折中败下阵来。

2. 鼓励是最好的强心剂

公司对员工是责骂式培养还是鼓励式培养，对员工的发展也有着非常大的影响。

如果对于销售人员，销售经理总是小心翼翼，怕他受挫，怕他经不起打击，那么这个销售人员一辈子都不可能得到磨炼，成不了销售精英。销售经理必须放手让销售人员去经历打击，并且让他们自己反省、恢复、总结经验，之后再鼓励他，那么就能够使销售人员不畏惧失败，充满自信地往前冲。

鼓励是最好的强心剂，自信心有时候是鼓励出来的。

汉武帝刘彻是历史上有名的军事家、政治家，他具有雄才大略，是中国历史上伟大的皇帝之一。作为一国之君，汉武帝的自信心非常强，他发动了对匈奴的战争，开拓了疆土，使汉朝成了东方的一条巨龙。汉武帝的自信心，其实是来自于他的母亲。

汉武帝生母孝景王皇后，姓王名娡，为汉景帝的第二任皇后。王氏是非常厉害的人物，她隐瞒自己在宫外嫁过人、生过孩子的事实，嫁到宫中，从王美人到王皇后再到皇太后，一路扶摇直上。

而王氏在生刘彻的时候，就开始到处散布谣言，说自己夜里梦见一条红色的龙，自己肚子里的孩子是真龙再世。王氏编造故事，为的是要树立自己在宫中的地位，打击其他的妃嫔。

虽然是编造的故事，但是当时许多人都相信了，王氏也将刘彻当作未来的天子培养，时刻在他耳边提醒：你是命定的天子，你注定是要当皇帝的。慢慢地，刘彻自己也树立了信心，认为自己真的有当皇帝的能力。

王氏不断地给儿子刘彻激励，最后膨胀刘彻的自信心，和刘彻最后能当上皇帝是有很大关系的，这是王氏的高明之处。

所以，若想培养销售人员的狼性，将其培养成人才，就需要给他机会，让他承担责任。然后要在心理上不断去鼓励他，让他认可自己，这样才能发挥出无比巨大的力量。

3. 适当考核才能激发潜力

宝洁公司在考核制度这一点做得非常好，值得很多公司借鉴学习。

宝洁公司的考核制度包含以下几方面：第一，公司考核销售经理，不看他们个人的业绩，而是依据团队的总业绩进行考核。第二，公司注重考核团队的总表现。第三，考核的核心是销售经理培养人才的能力，即观察销售经理有没有为公司创造可用之材，这是最重要的一条。

在宝洁公司，如果一个销售经理在自己的岗位上没有培养出优秀的人才，或者没有培养出一个可以接替自己位置的人，那他就不能升职，只能继续担任销售经理，若是一直如此，公司就会请他离开。

宝洁公司认为，作为一个领导者，销售经理最重要的工作就是能够领导下属。如果一个销售经理不能做好领导者，驾驭不了能人，培养不了新人，那就是最大的失职。

所以说，销售经理要从考核制度上激发人才。对于销售人员，如果没有考核，不仅不能激发他们的潜能，甚至会导致他们失去工作的热情。因为考核制度对于勤奋、有上进心的销售人员来说，是一种保护措施，它能将自己与懒散的销售人员区分开，使自己在考核上取得好成绩，从而为晋升做好铺垫。如果一个公司没有好的考核制度，那么平庸的销售人员会越来越平庸，有能力的销售人员也会日渐平庸，最后公司只剩下一堆没有能力的庸才，更别提增强销售人员的狼性、培养出适合狼性销售团队的人才了。

营销点评：

销售经理也要给团队成员精神力量，培养其积极进取的心态，最终成为狼性销售团队的一员。

◆ 做有执行意识的营销团队成员

什么是有执行意识的营销团队成员？我们可能会有不同的答案，但至少有一些基本的共识。

某公司曾经派两个人去两个临近的市场招商，甲、乙二人各在市场上跑了一圈，一天前一天后地回来了，不同的是做销售更长的甲一个合同都没有带回来，乙却带回来了4份合同。在招商这件事上，乙显然比甲更有执行力和执行成效。可是，甲乙二人的招商成绩为什么差距就会这么大呢？

甲的说法是"我不仅走访了所有老客户，还发动所有关系拜访了一些新的目标客户。老客户说我们之前的产品都不好卖，希望多投些广告才敢接新产品；新客户也持观望状态，说我们无品牌无广告，还得等等看"。

乙的经验是"我了解我的每一位老客户，知道他们担心什么，之前就想好了对策。对那些库存周转慢的客户，我就帮他们做分销；对那些还有垫付费用没有结算清的客户，就主动与他们商量如何结算费用。因此，我主要是通过帮经销商解决问题和做事开展招商，让经销商做得有信心、能放心，有钱赚，就不怕他们不接我们的新产品。对那些新客户，我主要通过以商引商和老客户介绍去开发，也容易得多"。

只看结果，甲和乙的差距似乎就仅仅体现在那4份合同上，但是如果甲得不到改变的话，他和乙的差距远就远不只几份合同这么简单，因为在结果的前端，执行意识上的差距，以及受意识影响的执行技能方面的欠妥发挥，会让他可能在一项又一项计划上落后于乙。

甲去拜访老客户前没有充分准备功课的意识，他抱着功利心抬着两条腿就去招商，磨破了嘴皮子，客户也说不行；被客户拒绝后，只想到公司责任，也没有自我反省的意识，无法在后面的招商及其最终的结果上体现出自己在遭遇客户拒绝后的补救与改善措施。

相对于甲，乙显然是一个执行意识优良的执行型营销人才。他的角色意识非常清晰，知道自己要成功招商，不仅需要承担招商者的角色，还需要把厂家代表这个角色的职责履行好，换位经销商立场思考，帮经销商解决好销售方面以及厂商合作中延迟处理的问题；之所以能想到做到这些，是因为他还具备一定的问题意识，非常清楚自己如果不能帮经销商解决问题，消除担心和疑惑，那么这些经销商的担心和疑惑最终就会成为自己的问题，而难以完成招商计划；为了执行好招商任务，他不像甲一样，过多纠结于公司前期所推出产品的市场表现、新产品、推广投入等公司责任，信奉在工作上想办法，积极主动的整合老客户资源去开发新客户。

前述执行招商计划的甲和乙，是我们在营销管理工作中所可能遭遇的再普通不过的事例了。通过这个事例及其他类似事例，可以总结出营销人执行意识的三个关键词：角色意识、问题意识、主观能动意识。

可以这样说，只有具备角色意识、问题意识、主观能动意识即意识逻辑的营销人，才是有执行意识的营销团队成员。

营销点评：

营销团队要有执行力，就必须有一批具备执行意识的团队成员。团队成员要有执行意识，就必须招募具备执行意识的人，以及在现有团队成员中培养与提升团队大家的执行意识。

第六章　为产品打造黄金链——总经理要稳固营销渠道

　　现在的产品，不仅质量要好，还要做好渠道。如今企业想要通过技术领先和创新保持企业在市场中的竞争力已变得越来越难，销售渠道系统创造的资源对企业的发展起到了很大的弥补作用。如果企业渠道做得好，产品就铺得广，销量自然上升；如果渠道做不好，产品没有足够的铺货率，企业的业绩就会受影响。现在企业之间的渠道之争也已经初见端倪。所以，产品的销售渠道策略，不仅影响其他营销决策和整个营销策略，而且还会影响到企业长远发展以及与其他企业的长期协作关系。

◆ 渠道建设，打造中国经销商系统

1996 年始，娃哈哈采用"农村包围城市"的方式，在全国 31 个省市选择了 1000 多家具有先进理念、经济实力较强、有较高忠诚度、能够控制一方的经销商，组成了一个几乎能够覆盖中国每个乡镇的联合销售网络。

推出各种各样的促销政策

一般企业的促销措施往往是针对终端消费者，而娃哈哈的促销重点则是经销商，根据市场变动状况、竞争对手的竞争策略以及自身产品的实际状况，推出各种各样的促销政策。这样，既可以激发经销商的积极性，又保证了各级经销商的利润空间，达到了促进销售而不扰乱整个市场价格体系的目的。这样的促销政策，使经销商有了长期稳定的收益来源，没有哪个经销商愿意用冲货来破坏这种和谐的合作关系，这就是娃哈哈促销政策的高明之处。

返利激励和间接激励相结合

在企业的营销战术中，有"最后一公里"营销这样一个概念。但对"最后一公里"营销概念的理解，可以说是众说纷纭，有的说是服务营销，有的说是质量营销，还有的说是品牌营销。但娃哈哈认为，"最后一公里"的营销概念就是——利益的有序分配。谈到有序分配，必然要谈到控制，在营销渠道中，控制最重要的措施就是价差、区域、品种和节奏。

这里我们以价差为例进行说明，价差是指产品从厂家到消费者手中经过的所有销售通路，这种通路既包括批发商，也包括零售商。从市场营销的角度看，这是个很专业的问题，有的产品即便定价很高，但因为没有科学的价差分配，仍然无法激励经销商的积极性，相反，那些价格很低的产品，如果价差合理，控制得当，经销商就会用薄利多销的方式赚来许多钱。所以，科学有序地分配各级经销商的利益空间，不但是厂商的责任，更是其控制市场的核心环节。

在促销政策方面，许多厂家将销量作为返利的唯一标准，经销商销量越大，得到的返利就越高，这种措施往往导致那些以做"量"为根本的经销商不择手段地向外"拓展"。娃哈哈也有自己的返利政策，但并不是简单的销量返利，而是采取一种全面激励的措施，具体来讲，就是帮助经销商进行销售管理，提高销售效率以激发经销商的积极性。

为经销商培养销售人员

在市场营销过程中，因为利益的驱使，许多企业内部的销售人员会成为"内鬼"，和经销商串通起来，参与"走私"性质的市场冲货。这是令许多企业感到极为头疼的问题。然而，在全国各地的市场上仅有 2000 多名市场销售人员的娃哈哈，却完成了超过 300 亿元的年销售额。这究竟是为什么呢？

这与娃哈哈注重营销队伍的建设和培养是分不开的，其主要措施为：

（1）严格招聘、培训市场销售人员。娃哈哈的市场销售人员首先必须有敬业精神，其政治素质和业务能力也要很强，符合这些条件，不论资历如何，均可破格提升担任一定职务，对那些能力弱，素质差或者不受欢迎的职工，经过重新培训，仍然达不到要求者，坚决淘汰掉。

（2）在企业文化建设方面，娃哈哈竭力营造一种有利于人才成长的文化氛围。纵观娃哈哈的发展史，我们不难看出，它是一部尊重知识、尊重人才，不断提高企业凝聚力的历史。

（3）科学的市场管理制度。在市场效应制度方面，娃哈哈制定了合理的绩效评估和奖罚制度，真正做到奖勤罚懒，奖优罚劣。此外，它还要定期对自己的市场营销人员进行考核，一经发现有违纪行为，立即严肃处理，保证了公司和经销商的利益。

（4）建立以人为本的营销文化。娃哈哈不但注重人尽其才，还非常注重对员工生活状况的关心。比如，不定期举办"千人演唱会"、"职工运动会"、"千人大旅游"等活动，不但体现了企业"大家庭"氛围，还增强了企业员工的归属感。

营销点评：

相对于很多跨国公司的品牌代理制或本土企业自己招聘人马、全资编织市场网络，娃哈哈的联销体模式更为经济和高效。各级大大小小的经销商一方面可以使娃哈哈迅速地进入一个陌生的市场，大大降低市场的导入成本，更重要的还在于，这些与娃哈哈既为一体又非同根的经销商团队，是保证市场创新、增长和降低风险的重要力量。

◆ 渠道策略，经销商管理体系建设

将渠道建立起来之后，娃哈哈便要求经销商根据各自经销额的大小，先打一笔预付款给公司，然后每次提货前，结清上一次的货款。年终时，再付给其高于银行存款利率的利息，并根据公司的效益给经销商一定比例的奖励。这样，就实现了厂商双方利益高度统一，使经销商全心全意地销售娃哈哈产品。同时，为了对渠道进行更好的控制，娃哈哈还对各项制度进行不断的完善。

与经销商签订严明的合同

在处理与经销商的关系方面，娃哈哈始终将经销商的利益摆在首要位置，所有的市场营销策略都会考虑经销商的利润空间。在选择区域经销商的市场布局方面，大多数企业都是在一个区域内选择三、四家经销商，通过经销商之间的恶性竞争，最终达到自己拓展市场的目的。娃哈哈则恰恰相反，它采取的是一定区域独家经销的方式，委派人员帮助各经销商开展销售，保证无冲货现象。当然，经销商也要相应承担一定的义务，最主要的义务就是严格履行"联销体"中向娃哈哈预付保证金的义务，切实按照总部的要求做好各种促销政策，尽量完成既定的销售任务。

此外，娃哈哈还专门成立了一个反冲货组织机构，一年四季，全国巡回，严厉稽查那些有冲货行为的经销商，保护各地严守本分的经销商利益，一旦发现问题马上会同企业相关部门及时解决。如果被总部派出的督察组发现经销商有冲货行为，会处以重罚，甚至开除出经销商队伍。这是娃哈哈防止冲货行为的第一道保险。另外，在与经销商签订的合同中，娃哈哈会明确加入"禁止跨区销售"的条款，并将年终返利与是否发生区域冲货结合起来，使他们意识到，冲货会损害双方的利益，迫使经销商积极配合企业的营销政策，不敢贸然冲货。

建立差价体系管理制度

中国市场疆域广阔，各地情况千差万别，几乎所有的公司都不会在中国市场实行统一定价，而是根据当地经济发展情况决定产品的定价。当然，也因为这一点，对各地经销商的销售政策也各不相同，部分地区经销商会利用各地政策的不同，将一个地方的产品拿到另一个地方进行销售，赚取差价，这就是我们前面所说的冲货。

娃哈哈认为，任何一项促销活动或政策，厂家首先应该考虑的便是一套层次分明、分配合理的价差体系，这不仅可以保证各阶层经销商的利益，更重要的是可以通过价格体系控制经销商的冲货行为，保护遵纪守法的经销商的利益。因此，娃哈哈根据每个区域的不同情况，分别制定了总经销价、一批价、二批价、三批价和零售价，在销售的各个环节上形成严格合理的价差梯度，使每一层次，每一环节的经销商都能通过销售产品取得相应的利润，保证各个环节有序的利益分配，在价格上堵住了冲货的源头。

建立市场督导队伍和巡检制度

除了建立一套层次分明、分配合理的价差体系外，娃哈哈还成立了一个专门的组织机构，查处有冲货行为的经销商，一旦发现商品编号与地区不符，一定彻查到底。同时，在提高经销商自身素质方面，娃哈哈也做了许多工作，它放弃了以往广招经销商、来者不拒的策略，开始精心选择和扶持合作对象，并严格分配、控制好各级经销商的势力范围。同时，对销售人员的考核制度也进行了改进，不再只注重销售业绩，而是更注重各项综合素质的培养，以此建立起一个可持续增长的市场。

最后，面对冲货行为，娃哈哈制定了严明的奖罚制度，并将相关条款写入合同中。年终时，对于没有遵守合同协议的经销商，公司将扣除其保证金用以支付违约损失，情节严重的要取消其经销资格。这就有效地约束了上千家经销商的商业行为，为其销售网络的正常运转提供了保证。

相同的产品包装采取不同标识

在与经销商签订的合同中，娃哈哈严格限定了该经销商的销售区域，将其销售活动限制在自己的市场区域范围之内。而且发往每个区域的产品，娃哈哈都会在包装上打上编号，这种编号往往和产品的出厂日期印在一起，很难被撕掉或更改。这种产品包装差异化能较准确地监控产品的去向，营销人员一旦发现经销商有冲货现象，就可以迅速追踪产品的来源，为企业处理冲货事件提供真凭实据。

对联销体促销费用进行控制

在促销费用管理方面，一般企业是按照销售收入的百分比给经销商提取促销费用。这样，经销商的销售业绩越好，销量越大，所得到的促销费用也就越多。还有的企业让自己的营销人员控制促销费用，这当然没什么问题，但却给一些见利忘义的营销人员提供了与经销商"同流合污"的机会，共同贪污促销费用。还有的经销商更聪明，从促销费用中拿出一部分钱低价冲货，通过低价，把自己的销量做上去。因此，企业的促销费用如果由经销商和营销人员掌握，很可能为市场营销人员和经销商的冲货行为创造了机会，这样，促销费用是否全部用以推广，厂家就难以掌控。而娃哈哈在每次开展促销活动的过程中，其促销费用完全由娃哈哈总部掌控。这样，就从促销费用的管理上杜绝了冲货现象的发生。

营销点评：

"联销体"是娃哈哈在交易组织上的一种创新。通过这种创新，完全改变了市场竞争的态势，娃哈哈一家企业相当于与 2000 家经销商结成战略联盟，这 2000 家经销商帮助娃哈哈与别人竞争，使娃哈哈实现了从"单打一"到"多打一"的转变。

◆ 渠道为王，营销渠道创新

所谓渠道，就是水流的沟渠、通道，如今被引入商业领域，引申为产品营销的流通路线，指的是厂家的产品卖向社会网络不同区域的流向，所以渠道也被称作网络。企业的营销网络有长渠道和短渠道之分。所谓渠道创新，主要就是指短渠道创新，越过传统的级别代理，缩短了产品到达客户的中间途径，使产品几乎可以直接面对消费者，从而获取高额利润。越来越多的企业在营销中发现，在当今产品、价格乃至广告同质化加剧的时代，要想依靠产品的独立优势来赢得市场，越来越难。正如整合营销传播理论的创始人唐·舒尔茨所言：在产品同质化的背景下，唯有"渠道"和"传播"才能产生差异化的竞争优势。

新兴的营销渠道往往会带来全新的消费群体，也会直接产生成本优势，节省产品成本 10% ~ 15%。因而开拓新的营销渠道，不仅可以为厂商节省营销成本，还可以为消费者提供购买便利，从而给企业带来意想不到的价值回报。销售渠道已成为当前企业最为关注的营销重心，日渐成为克敌制胜的武器。毫无疑问，21 世纪，是"渠道为王"的新世纪。

1. 破除渠道创新的障碍

由于消费者的购物习惯在潜移默化中缓慢地变化着，所以对一种新的营销渠道，消费者一开始往往是很难接受的。正因为这种接受是一种渐变的过程，因而一个公司很难在较短时间内发现新渠道。因为这种渐变的过程恰恰是从量的积累到质的飞跃，心急的营销者很难等到或发现质变的时刻。而且企业往往过分依赖中间商的反馈信息，这样一来，就会与最终的消费用户存在一定的距离。而中间商向制造商所传达的，往往是有利于巩固自己利益的信息。

更多的企业习惯沿用传统的批发零售模式，缺少挖掘营销新渠道的主动性。这种金字塔式多层次渠道的效率很低。而管理者一旦建立营销渠道系统，就很少再去改动产品价格、宣传广告乃至市场调研机构，也不愿修改促销计划、改变产品生产线，所以渠道创新的最大障碍，往往来自企业内部的管理层。

如果企业仅仅依赖外部的营销渠道来传递市场信息，忽视与消费者的合理接触，完全专注于对营销渠道的控制与管理，一旦依靠中间商来建立营销渠道，企业就不能及时准确地了解消费者对产品的感受和意见，更不能与终端用户直接沟通和接触，以至于许多企业根本就无法准确掌握消费者的购买习惯。企业过度依靠中间商，就会缺乏对市场新兴渠道的敏感性。

2. 渠道创新的方向

时变则势异。随着市场环境的变化和市场的不断细化，原有的营销渠道早已不适应市场竞争。对大多数企业来说，彻底改良现有的营销渠道，彻底跳出单一渠道的束缚，采用多渠道营销策略，是有效提高市场占有率和营销业绩的重要手段。动态的市场变化，势必引起商品流通渠道各个环节的不断变化。而渠道本身的目标，就是要满足消费者的服务需求。实际上，企业想发现和利用渠道机遇，最有效的方法就是加强与最终用户也就是消费者的接触和了解，发现他们的心态、情感、需求和购买习惯。而消费者产生购买行为的特征也在发生巨大的变化，当今消费者的购买动机更趋于理性、方便、快捷、高性价比，成为完成购买行为时选购商品的判断依据。这种情形，正如美国哈佛大学的泰德·李维特在所著的《营销近视病》一书中所说："根本没有所谓的成长行业，只有消费者的需要，而消费者的需要随时可能改变。"面对市场大潮的新情况，企业更应冷静地分析现状，正确认识自身渠道的优劣势，深入考察目标市场，结合自身特点，对已有的渠道及时进行结构调整，随时捕捉机遇，尝试和探索新的营销渠道。

3. 渠道瘦身，提高效率

渠道为王、渠道制胜。但渠道怎么才能发挥更高的效率？要想保持营销渠道物流畅通，就要简化批发商和代理商等中间层次。如越来越多的企业，引入了美国通用的营销模式，直接创建专卖店，建立专营区域分销网络，实现品牌营销的差异化和简洁化，以便消费者简单明了而又快速地认识和选购产品。创建品牌专卖店，运用统一的形象设计，是品牌推广的一个重要方法。它可以使成本降到最低，客户的响应速度也会更快，容易掌控客户的反馈信息。通过渠道瘦身，企业可以大大提高效率，提升竞争力和利润率。上海通用就是中国汽车行业中最早开发专卖店模式的先行者。

4. 建立有序竞争，避免渠道冲突

在市场开发初期，企业间的竞争很不规范，尤其是跨区串货、低价竞销等非正当的竞争手段，造成渠道冲突、相互杀价，使价格混乱，渠道体系也遭受重创。因此创建渠道之间的有序竞争，回避相互冲突，是所有企业急需解决的问题。有人提出"渠道生态系统"的概念，认为渠道之间进行有序竞争，是创建健康有序的渠道生态系统的前提。中国南北各地差异巨大，企业要认真规范竞争市场，提升渠道成员的综合素质，有效制约不规范的竞争行为，将内耗降为最低。为了从源头遏制跨渠道的恶性竞争，上海通用率先采取全国统一定价的营销方式，在中国大陆任何一个销售网点，上海通用的产品一概实行统一售价。即使在运输成本很高的新疆、西藏等偏远地区，价格都保持一致。

统一的定价，规避了渠道之间的相互冲突，有利于企业建立规范的品牌营销形象。

5. 提高渠道人员的专业素质

渠道的效率如何，在很大程度上取决于渠道营销人员的素质。传统的销售人员是从国营僵化的体系中走出来的；从私营店铺成长起来的营销人员比较灵活，却没有受过专业培训，自身的素质不高。如果营销人员的服务质量得不到改善，必然对品牌效应产生负面影响，从而损害企业利益。因而企业要与经销商之间建立长期的合作伙伴关系，使渠道成员获得长久成长，保持最佳的合作状态。企业的渠道管理人员，也应是品牌的咨询员，必须了解渠道的源头——企业的整体结构。中国富士施乐支持通过界定经销区域，保证经销商的利益，并为渠道合作伙伴提供"造血机制"，不但让经销商赚到钱，还提高了他们赢利的能力。

营销点评：

在企业的市场营销环境不断变化，市场经济越来越发达，企业竞争日益激烈的今天，重视营销渠道的管理与创新，是企业成功的一个非常重要的条件。

◆ 企业需要足够长度的营销渠道

所谓的渠道长度策略就是销售渠道层次，在销售渠道这一流程中，产品的所有权每经历一次转移，就构成一个销售渠道层次。根据层次的不同，可分以下五类：

（1）直接销售渠道：制造商→顾客；

（2）一层渠道：制造商→零售商→顾客；

（3）二层渠道：制造商→批发商→零售商→顾客；

（4）三层渠道：制造商→批发商→专业经销商→零售商→顾客；

（5）四层渠道：制造商→全国批发商→地区批发商→零售商→顾客。

直接销售渠道，是指生产者直接销售给顾客，常用的方式有上门推销、邮购和生产商自设商店。随着网络经济时代的到来，网上销售的规模越来越大，直接销售渠道日益成为销售渠道中的重要渠道。服务业的生产与消费在时空上具有同一性，可以看作一种直接销售渠道。其他多层渠道，包含数量不同的中间商。在实际营销中，层次并非这样明晰，可能批发商兼营零售业务，专业经销商直接零售。

莲花味精是中国知名品牌，在市场中拥有较高的认知度和市场占有率。但是，作为一种调味品，产品的市场需求是顾客对食品需求的派生和延伸。虽然家庭饮食离不开它，但顾客的购买率相对较低，每次购买的数量也较少。这样，企业就没有必要投入高成本建立网络直销点。所以，企业要寻找和开辟更适合产品销售特点的销售渠道。于是，莲花味精选择了一些分销能力较强的食品批发企业作为自己的销售代理，通过代理企业把产品分销到各大超市、便利店、仓储式商店和各类食品商店的货架上，这样，用较小的成本，莲花味精同样将产品送到了千家万户的餐桌上。

他们之所以做出这样的决策，因为他们发现：首先，味精作为一种派生需求，顾客通常都是在食品店特别是副食品店中购买的。其次，顾客对购买味精的便利程度要求比较高，他们都希望随时并且方便地买到该产品。也就说明企业销售点要密集。再次，大多数零售企业的销售规模和经营实力都比较小，他们主要依赖当地的各种食品批发企业进货。所以，莲花味精就想到寻找当地较大的批发企业做代理。最后，他们在渠道选择上做得非常好，如在北京及其周边地区市场，莲花味精找的是北京朝阳副食品批发企业作为该地区的总代理，因为该企业是北京及其周边地区最大的食品批发企业，其年销售额近20亿元，在北京及其周边地区市场有较高市场信誉和销售网络体系，莲花味精在如此强大的代理企业的推动下，迅速占领了北京及其周边地区市场，取得了非常突出的销售业绩。

可见，营销的层次不一定越少越好，也不一定越多越好，关键要看企业营销的产品，要根据产品销售特点来酌情考虑采用什么样的营销方式，如果是一些容易腐烂的水果，人们更愿意直接从厂家购买以便保证吃到的水果足够新鲜。当然，如果是一些像味精这样的产品，直销反倒增加了企业的成本，降低了企业的利润，所以，不妨寻找其他代理商，既保证了铺货量，又扩大了产品的范围。

营销点评：

渠道长度策略是指企业根据产品特点、市场状况和企业自身条件等因素来决定渠道的级数。

◆ 选择适合的营销宽度和广度

在建设营销渠道的时候，每个环节或层次到底选择多少个中间商，就是层次的宽度问题。选择宽的营销渠道还是窄的营销渠道都取决于企业的战略目标、产品特点和顾客分散程度。

合肥华泰集团生产的洽洽香瓜子，几乎在一夜之间响彻大江南北，这与它的营销策略是分不开的。洽洽香瓜子正是在前期做好了营销渠道，在生产出来后，迅速进入北京市的大街小巷。三个月之后，除了西藏以外，全国其他所有的地方都有洽洽香瓜子卖。这样迅速大范围地铺货成功，就是因为它的营销渠道足够宽，能够在每个层次都有足够多的中间商，如此，最后进入市场的渠道定然很多，铺货面积自然很大了。

当然，并非渠道越宽越好，这要根据产品的种类，顾客群以及企业自身情况进行全盘考虑。通常，企业的营销渠道主要分以下三类：

（1）密集型分销渠道，也称为广泛型分销渠道，是指生产商在同一个渠道层级上选择尽可能多的渠道中间商来经销自己产品的一种渠道类型。这种密集型分销渠道，能够将产品尽可能多地铺货到各个商场，提高占有率。通常采用这种方式的产品，多是一些生活便利品，如牙膏、牙刷、饮料、瓜子等。这类产品之间的差别不大，顾客到底买哪个品牌很大程度上根据其对品牌的熟识度来决定。

（2）选择性分销渠道，是指企业在某一渠道层级上选择少量的渠道中间商来进行商品分销的一种渠道类型。比如，在 IT 产业链中，许多产品都采用选择性分销渠道。因为选择一定的中间商，能够便于管理，也能保证中间商对产品质量的负责，以免出现纠纷。

（3）独家分销渠道，这类渠道主要是指在某一渠道层级上选用唯一的一家渠道中间商的一种渠道类型。比如，在 IT 产业链中，这种渠道结构多出现在总代理或总分销一级。同时，许多新品的推出也常常选择独家分销模式，这样能够降低风险，等到市场逐渐接受该新产品后，再向选择性分销渠道模式转移。比如，东芝笔记本和三星笔记本的产品渠道就是这样选择的。

不同的产品需要的营销渠道宽度不同，要根据产品的具体情况来决定选择哪类营销渠道。在通常情况下，一般批发环节较窄，零售环节较宽。在零售环节，不同商品的宽度也不同，特殊品、新产品较窄，日常用品、成熟产品较宽。服务业的营销渠道通常较宽，特别是向居民提供生活服务的企业。比如，学校必须建在方便学童就近上学的地方，公共汽车线路须设在方便居民上下车的地点，银行、餐饮的网点要尽可能接近居民住宅区和商业区。

总之，企业在决定选择营销渠道的宽度时，要多了解企业自身实力，以及产品的特点，再考虑渠道的宽窄。

当然，渠道的选择也可以多元化，比如，直销、分销、直接邮购、电话销售、企业网上销售、代销等，这就是增加渠道的广度，以便将产品以最快的速度送到顾客手中。比如，有的企业针对大企业顾客，采用直接销售的方法；针对数量众多的中小企业顾客，则采用广泛的分销渠道；而对于那些偏远地区的顾客，则很多采用邮购的方式来覆盖。

所以，企业可以根据自身情况来选择采用金字塔结构还是扁平化结构的渠道，以便最快最广泛地将产品销售出去。

营销点评：

　　狭义上理解，影响营销渠道结构的主要渠道的层数和每个层次所包含的中间商数量，也就是层次的宽度。

◆ 垂直营销系统的利弊

垂直营销系统是生产者、批发商和零售商组成的统一联合体。通过产权结合方式和特约代理关系组成市场目标和业绩目标一致的实体。也就是说，某个渠道成员拥有其他成员的产权，或者是一种特约代理关系，或者这个渠道成员拥有相当实力，其他成员愿意合作。垂直营销系统可以由生产商支配，也可以由批发商，或者零售商支配。这样的营销系统不同于高度松散的、通过临时契约结合的传统营销系统，而是将营销系统变成了一个可以控制营销渠道行为的系统。垂直营销系统在美国已成为顾客购买市场的主要营销系统模式，占全部顾客市场经营额的 70%~80%。

根据其成员间的所有权关系和控制程度的不同，垂直营销系统又可以分为如下三种类型。

1. 企业式

也就是一家企业在单一所有权下，拥有和统一管理工厂、批发机构、零售机构等，控制分销渠道中若干个垂直营销系统。有些企业的垂直营销系统还控制了整个分销渠道，综合管理生产、批发、零售。

比如，美国火石轮胎和橡胶企业在利比里亚拥有橡胶种植园，在美国橡胶工业中心俄亥俄州阿光伦拥有轮胎工厂，其下属的批发机构和零售机构也遍布全美国。

这种营销系统类型也分为以下两种：

（1）大企业拥有或统一管理多个生产单位和商业机构，实行工商一体化经营。比如，美国以零售业著称的西尔斯企业，其货源的 50%

来自其握有股权的生产企业。

（2）大零售企业。比如，像西尔斯企业现在拥有并经营的零售商店有 2000 余家。它出售的商品中，有 50% 来自它拥有股权的制造厂。

还有以服务业为主的假日旅馆形成了自己的一套供应网络，其中包括地毯厂、家具制造厂，还有大量被其所控制的再分销机构。

这种企业式的垂直销售系统有效地控制了各个地区不同销售点的销售以及供给等情况。但是，这种销售系统也存在缺陷，那就是忽略了经营的复杂性，忽视了很多市场上的现实问题。

2. 管理式

这种类型的销售系统主要是由几个有实力、规模、品牌优势的企业出面组织并建立起来的具有极强稳定性的营销系统。比如，有很多制造商为了实现其战略规划，常常在库存供给、定价、商品摆放、购销业务等问题上与零售商进行协商，并给予有利的帮助和指导。

比如，吉列、宝洁等企业都通过与经销商合作，对产品陈列、货架空间和促销方面进行指导，为了实现共赢而通力合作。

中国一些实力不太大的企业，为了节约成本、人力、物力，也可以通过与其他经销商合作的方式，将自己的产品推出去，实现企业宏大的战略目标。

3. 契约式

就是几个产权独立的企业在不同的生产和分配水平上组成建立在契约基础上的营销系统。这种类型的营销系统主要包括批发商倡办的自愿连锁组织、零售商合作组织、特许经营组织。通过联合的形式，提升整体的竞争力，进而保证自身不受较大的市场冲击，保证经营状况良性发展。

营销点评：

　　垂直营销系统的好处是能够有效地控制渠道行为，消除渠道成员之间的利益冲突。它可以通过规模、谈判实力和减少重复服务而获得良好的效益。

第七章 知己知彼，百战不殆——总经理要重视竞争与决策

今天，竞争不仅普遍存在而且逐年激烈。市场竞争如此激烈，所以，企业除了要了解顾客的行为，还必须要关注竞争对手。

◆ 你需要驱逐"五头狼"

市场竞争不仅普遍存在而且逐年激烈。在激烈的市场竞争中，企业渐渐认识到，仅仅了解自己的顾客是不够的，还需要时刻关注市场中的竞争对手。

每一件产品一旦进入市场，就要面对来自同行、供应商、消费者、替代品、潜在进入者这五种力量的竞争。这五种力量就像五头狼，只有将它们驱逐出去你才能成功。

可口可乐和百事可乐是世界上两大生产可乐的饮料公司。近年来，随着一些新型饮料在各地市场上的出现，两大巨人开始面临来自行业内竞争对手的挑战。这些规模不大的饮料公司生产的产品，品种多、口味全，从矿泉水、饮料、啤酒到水果、蔬菜类营养汁，应有尽有。这些公司已经开始侵占两大可乐公司的市场了。

据统计，1991 年西方国家推出了 1350 种新饮料，1992 年有 1100 多种新饮料面世。如斯耐普饮料公司，其收入在 1988 年至 1991 年间迅速从 1300 万美元上升至 21500 万美元，特别是在美国西部地区，斯耐普公司的饮料供不应求。此外，它还击败了中西部和东部海岸等地区的其他饮料生产厂商。

这些小公司生产出了上千种饮料，这些饮料丰富的品种满足了消费者的多种需求，让消费者可以尽情选购和品尝。仅 1991 年一年时间，消费者就喝掉时价达 13 亿美元的各种类别、品牌的饮料，其中包括瓶装冰镇茶、咖啡、矿泉水、汽水、果味水、果汁及运动型饮料。

在可乐市场上，1991 年的全球可乐消费量是 122 亿加仑。但是，相对于其他饮料销售量 10% 的增长来看，可乐这一年的消费增长率却减少了 1.5%。由此，可乐公司的软饮料帝国出现了衰退的迹象。

为了挽回可乐公司在饮料王国的地位，可口可乐公司决定对一种采用了二三十年的泪珠形瓶子进行重新包装，以便能更好地与其他公司竞争。此外，他们还充分利用了小公司的优势，比如，与耐斯特尔公司一起开发一种方便饮料。

百事可乐公司也采取了相应的策略，如，在市场上销售阿伍伦牌矿泉水、冰镇茶（与利普顿公司合作）和果汁（与奥西恩·斯普瑞公司合作）。百事可乐的斯书特曾说，公司长期战略目标的一个重要组成部分是开发出各种可供消费者选择的饮料，从而打败那些小饮料公司。

在激烈的市场竞争中，企业必须时刻保持警惕，充分分析行业竞争环境与竞争者的竞争行为。迈克尔·波特将企业所处的竞争环境分成同行业的直接竞争者、供应商、消费者的讨价还价能力、替代品的威胁和潜在进入者五个类别。下面是对这五个类别的简单描述：

（1）同行业的直接竞争者。在同一个行业当中，如果已经有了众多的、强大的或者竞争意识强烈的竞争者，那么该细分市场就会失去吸引力。如果该市场处于稳定期或者衰退期，而生产能力不断大幅度提高，将导致固定成本过高，撤出市场的壁垒过高。

（2）供应商。供应商有两个手段可以威胁到企业的发展，一是提高供应价格；二是降低供应产品或服务的质量，从而使下游行业利润下降。

（3）消费者的讨价还价能力。要了解消费者的讨价还价能力，企业必须了解消费者选择某一产品或服务的动机。是因为价格低、质量高、快速送货、可靠的服务、有趣的广告，还是由于推销人员的能力？如果不知道什么东西能够对消费者产生吸引力，不知道消费者的选择将如何变化，企业最终将会失去市场上的竞争优势。

（4）替代品的威胁。如果企业所服务的市场存在着替代品或潜在替代品，那么该市场就会失去吸引力。任何企业都应密切注意产品的价格趋向，如果在这些替代品行业中技术有所发展，或者竞争日趋激烈，就有可能导致该细分市场的价格和利润下降。

（5）潜在进入者。随时可能加入这个行业，成为企业直接竞争对手的企业就是"潜在进入者"。当某一行业，尤其是新兴行业获得高额利润时，资本就会大量流入，不仅行业内现有的企业会增加投资以提高生产能力，而且行业外的企业也会被吸引到该行业进行投资。

面对这五种竞争力量，你分别找到应对策略了吗？

营销点评：

企业的定价决策会影响企业所面对的竞争的性质。如果企业采取高价格、高利润的战略，它就会引来竞争；而低价格、低利润的战略可以阻止竞争对手进入市场或者把竞争对手赶出市场。企业需要针对竞争对手的成本设定自己的成本基准点，以便了解它的经营成本是处于优势还是处于劣势。一旦企业掌握了竞争对手的价格和市场供应，便可以利用它们作为自己定价的起点。

◆ 总结竞争对手的优势和劣势

很多企业都认为自己周围有很多旗鼓相当甚至看上去很强大的企业，自己与他们相比较只能是小巫见大巫，面对这样的竞争对手，该怎样从他们的夹缝中生存，找到自己的一席之地呢？想要回答这个问题，首先要做的工作是要分析竞争对手的优势和劣势。这样企业就可以将他们的劣势转化为自己的优势，从夹缝中找到适合自己的生存之路。

所谓的竞争优势是指顾客眼中一个企业或它的产品有别于其他同行业企业产品的任何优越的东西，这种优越的东西可以是产品线的宽度、产品的大小、质量、可靠性、适用性、风格和形象以及服务及时、态度热情等。虽然，要找到竞争对手的优势，从各个方面都能找到，但是，如果能够明确竞争对手究竟在哪一个方面具有优势，在哪一个方面的突出优势导致其成功，会更有意义，企业清楚了这个，自身才可以有的放矢，扬长避短。

比较企业的竞争劣势，整个价值链的每个环节都要入手，如其产品是否新颖，制造工艺是否复杂，销售渠道是否畅通，价格是否具有竞争性等。

当分析完竞争对手的优势和劣势之后，就要酌情采取积极措施，寻找自己立足之地，力求在有强大的竞争对手的市场夹缝中求生存。

企业为避免在市场上与强大竞争对手发生正面冲突，可以采取一种利用营销者自身特有的条件，选择满足强大竞争对手的需求，为它们提供专门的服务，以便牢固地占领该市场。这种策略，既利用了竞争对手的实力雄厚，发展迅速的优势，又为自己找到了一条继续发展的道路，实现企业积累。

当然，再强大的竞争对手，也有它的弱点。角力的最高技艺是，利用对方的力量来对抗对方。同样的，一个企业应该充分认识到竞争对手的优势和弱势，并将对方的弱势转化为自己的优势，以便与其领袖品牌相抗衡。换句话说，不要尽力成为更好，要尽力变成不同。

美国的汉堡王曾经非常成功，它将自己的市场策略直接针对竞争对手麦当劳，如广告词"Have it your way（以你自己的方式）"对应于麦当劳的大批量生产；"Broiling, not frying（烧烤食品，拒绝油炸）"对应于麦当劳的油炸制作方法等。所有的这些营销策略都深深巩固了汉堡王的市场地位。

然后，不知出于什么原因，汉堡王放弃了这样的做法。它变得胆小并停止攻击麦当劳，广告语变成了"The Best food for fast times（快节奏时代的最好食品）""We do it the way you do it（你的方式就是我们的方式）"等。它甚至开展了一个市场计划，来试图吸引小孩子，而这恰恰是麦当劳的主要顾客群体。最终，汉堡王逐渐丧失了自己的市场位置，并再也没有恢复到曾经的盛况。

由此可见，明确了竞争对手的优势和劣势，企业才能结合自身情况制定出最为恰当的营销策略。

营销点评：

一个企业需要辨认每个竞争者的优势与劣势。

◆ 透彻研究竞争对手，时刻关注营销环境

在行业中占有第二、第三和以后位次的公司可称为居次者或追随者公司。在它们自身的权力范围内，某些公司可以是相当大的。例如日产、三星和百事可乐等公司。这些居次者公司可以采用两种姿态中的一种；它们可以攻击市场领导者和其他竞争者，以夺取更多的市场份额（市场挑战者）；或者，它们可以参与竞争但不扰乱市场局面（市场追随者）。

有许多市场挑战者已经从市场领导者手中抢夺了地盘或超过了它们：丰田公司比通用汽车公司生产更多的汽车；佳能公司在 20 世纪 70 年代中期只有施乐公司十分之一的规模，而今天生产的复印机已超过了施乐。当那些市场领导者用习惯方法经营业务时，挑战者已树立了更大的雄心壮志，使用较少的资源扭转了局面，成为市场领导者们越来越无法忽视的对手。

1886 年诞生于美国的可口可乐一直是"世界饮料之王"，享有"饮料日不落帝国"的赞誉。但是，就在可口可乐如日中天之时，另一家同样高举"可乐"大旗敢于向其挑战的企业——百事可乐公司，也在与可口可乐的交锋中越战越强，最终形成分庭抗礼之势。

百事公司的竞争对手可口可乐始终处于行业"领导者"的地位，而百事可乐只能是"追随者"。要想让百事位居第一，彻底改变百事可乐"廉价仿制品"的形象，百事公司必须以一流的软饮料与可口可乐展开对抗竞争。

百事公司经过严密的市场调查后发现，二战后，美国诞生了一大

批年轻人，他们没有经过大危机和战争洗礼，自信乐观，与他们的前辈们有很大的不同，这些年轻人他们对一切事务的胃口既大且新，他们正在成长，会逐步成为美国的主要力量。这些人成为百事可乐的目标消费群体。

经过 4 年的酝酿，"百事可乐新一代"的口号正式面市。百事可乐旗帜鲜明地站在"新一代的美国人"立场上，推出了"现在，对于年轻的消费者来说，百事可乐正是你们的最佳选择"以及"奋起吧，你是百事可乐新时代生龙活虎的一员"的主题广告，并以歌曲形式通过电台、电视台反复咏唱："今天生龙活虎的人们一致同意，认为自己年轻是'百事可乐'，他们选用正确的、现代的、轻快的可乐，认为自己是年轻的人现在就喝百事。"以后，又进一步推出了"现在，百事可乐是年轻人的饮料"的广告口号，以及更富有诱惑力和鼓动性的"起来吧，你们是百事可乐年轻的一代"的震撼人心的口号。这些广告迎合了青年一代充分显示自己朝气蓬勃、富于青春活力、做时代先锋的愿望，从而树立了百事可乐成为时代潮流和青春活力的象征，将其竞争对手可口可乐反衬为守旧、落伍、老派的代表。

10 年后，可口可乐试图对百事可乐俘获下一代的广告做出反应时，它对百事可乐的优势已经由 5∶1 减至 2∶1 了。而此时，百事可乐制定了进一步的战略，向可口可乐发起全面进攻，被世人称为"百事可乐的挑战"。

百事可乐的挑战堪称市场挑战者成功的典范。

一般来说，市场挑战者的角色就是要将竞争对手挤出原有位置，并取而代之。一些屈居第二但实力雄厚的大企业，为扩大自己的市场范围，通常会采取这种具有挑战性的策略。

营销点评：

　　企业要实施市场挑战者的定位策略，必须比竞争对手有明显的优势，提供比竞争对手更加有优势和有特色的产品，并做好大量的推广宣传工作，提高本企业产品的形象和知名度，冲淡顾客对竞争对手产品的印象和好感。

◆ 制定合理而正确的营销战略

作为一个挑战者形象的企业，表明它已经有足够的实力，但是，高处不胜寒，想要挤入龙头企业行列，想要坐上第一把交椅，谈何容易，龙头企业有实力，有丰富的竞争经验。所以，作为挑战型企业首先要具备的就是拼搏精神和坚韧，要抱着不达目的誓不罢休的决心，通过不断地挑战，不断地进步，实现成为龙头企业的目标。农夫山泉迅速崛起，成为龙头企业，就是一个经典案例。

在经济发达，产品高度同质化的今天，一个品牌很可能被扼杀在摇篮中。但是，农夫山泉却能异军突起，成为三大矿泉水品牌之一，持续发展 10 年而不倒。它是怎样从一个名不见经传的矿泉水产品，挑战龙头企业，成为三大矿泉水品牌之一的呢？我们看一下它的发展历史。

1997 年 5 月，养生堂企业开发农夫山泉，在市场开拓上，农夫山泉选择了上海、杭州为主攻对象，以"味道有点甜"为卖点，通过大范围、高密度的轰炸式广告宣传，杀入水市。当年 7 月底，农夫山泉已经在上海大型超市的包装饮用水中成为单品销售最好的产品。

1998 年 4 月，农夫山泉将眼光放眼全国。在全国各地广推 550 毫升的运动装，依然借助全国各大媒体进行密集宣传，因此，当年"农夫山泉有点甜"的广告语迅速为人们所知晓，农夫山泉如一匹黑马，短时间内成为妇孺皆知的品牌。人们纷纷购买农夫山泉，农夫山泉也一跃成为与娃哈哈、乐百氏并列的水产品，形成三足鼎立局面。

完成了市场占领之后，从 1999 年开始，农夫山泉转变策略，开始以传播善待生命、关注健康、重视运动，树立良好的品牌形象。赞助中国乒乓球队，成为中国乒乓球队唯一指定用水。同时，农夫山泉又借助悉尼奥运会的机会，凭借自身"天然、健康、安全"的优秀产品理念，成为中国奥委会选定为悉尼 2000 年奥运会和雅典 2004 年奥运会中国体育代表团训练及比赛专用饮用水。

2000 年，农夫山泉公布了一项"长期饮用纯净水有害健康"的实验报告，宣布自己全面停产纯净水，这引发了天然水和纯净水两大阵营的口水战，这一营销策略虽然招来了一些同行的不满，但也进一步树立了农夫山泉自然水的健康饮用水的良好形象，就此拉开了和竞争对手的距离。该年，农夫山泉市场占有率为 19.63%，继续保持排名第一。

2001 年至 2002 年，农夫山泉支持北京申办 2008 年奥运会，广告是"一分钱一个心愿，一分钱一份力量"，品牌美誉度进一步提升，其也成为 2001 年至 2004 年中国奥委会的长期合作伙伴和荣誉赞助商。

2002 年，农夫山泉又开展公益活动，启动 2008 阳光工程，关注中小学体育设施建设，让农夫山泉品牌形象进一步提升。

2003 年，农夫山泉赞助中国航天事业，被中国航天基金会首批授予"中国航天员专用水 / 中国载人航天工程赞助商"称号。

2004 年至 2006 年，与 TCL 冰箱展开旺季联合促销，掀起异业联合营销的新高潮。

2005 年，农夫山泉砸下五万元大奖征集广告创意，这一举动又在业界引起不小的轰动。

2006 年，农夫山泉开展第四届"一分钱"饮水思源活动，帮助水源地的贫困孩子。

2007 年 4 月，农夫山泉通过"水测试"营销策略改变顾客饮水观念，同时把矛头直指康师傅矿物质水等非天然饮用水品牌。该年，农夫山泉成为最受网民关注的饮用水品牌。

如今，农夫山泉进一步巩固健康形象，广告语"只做大自然的搬运工"成为业界最为亮眼的广告。

从农夫山泉的发展史中我们可以看到，每一年农夫山泉都在开展着不同的营销策略，在不断树立和强化自己的高品质、健康饮用水的良好形象，并通过支持社会热点事业，如航天、体育等，进一步提升农夫山泉的知名度。随着企业品牌的壮大，为了能够占领最高点，农夫山泉又采取差异化策略，通过宣传自然水和矿泉水差异，让自己自然水的健康形象一跃超过了矿泉水，使自己的销量稳居第一。总结农夫山泉和其他优秀企业从挑战者形象成为领导者形象的发展历程，不难看出，它们在营销策略上表现出了极大的活力，大都使用了以下进攻方式。

1. 正面进攻

一些挑战者已经在产品、广告、价格等方面占有了超过竞争对手的能力，于是，这些挑战者就会很有信心地对领导者的主要市场发起正面进攻。

2. 围堵进攻

主要是挑战者开展全方面、大规模的围堵式进攻策略。能够使用这种方式的竞争者通常要拥有比竞争对手更好质量的产品、更实惠的价格以及更好的广告宣传等，如此才能保证围攻的成功。

3. 侧面进攻

一些挑战者非常巧妙地避开了与竞争对手硬碰硬，而是采取侧面进攻方式，以最小的损耗取得最大的成功。它们的方式是专门进攻领导者的薄弱环节，使竞争对手措手不及，或者通过细分市场填补市场空白，实现胜利竞争。

4. 迂回进攻

市场挑战者完全规避竞争对手现有的市场阵地而进行的进攻方式，主要通过发展与现有产品有不同关联度的多角化经营策略，还可以打入新的市场或者发展新技术，创造新产品来取代落后产品等，通过以上策略，挑战者可以利用其他方式进一步增强实力，和领导者竞争。

5. 游击进攻

主要采取的是像游击战似的小型的、间断性的进攻方式，干扰领导者，逐渐削弱对方的士气和力量。比如，在领导者市场的某个市场促销，削弱对方势力。

营销点评：

> 如此这样灵活多样，而又步步为营的营销策略，让农夫山泉成功进入水市，成为与其他名牌不分伯仲的大品牌饮用水，它的品牌已经深入人心。

◆ 合理调整价格，提高市场竞争力

企业的产品降价是指企业为了适应市场环境和内部条件的变化，把原有产品的价格调低。企业要降低产品价格的原因主要有三个：一是企业的生产能力过剩，为了扩大销量进行降价销售，以量换价；二是在强大的竞争压力下，企业为了保持市场占有率或者争取更大市场占有率而通过降价进行竞争；三是因为货币紧缩，价格总水平下降，企业也需要降低产品价格。

虽然有很多顾客喜欢购买降价的产品，但不要忘记还有很多顾客则认为企业降价可能是产品本身有问题，要么就是销路不好。还有的人则认为企业财务上有困难，难以继续经营下去，所以，他们会等待价格再次下跌。总之，通常情况下，顾客对厂商的降价行动基本上持消极态度而非积极态度。所以，降价促销的方法，也要慎重使用。但是，如果使用得当，其也会带来很好的收益。

美国一家商店采用一种自动降价的方式。这家商店陈列的每一件产品，不仅标有价格，而且还标有首次陈列的日期，自开始陈列的 12 天内，按原价出售，若这件产品未能卖出，则从第 13 天起降价 25%，再过 6 天仍未卖出，再降低到原来的 50%，这样直至将产品送到慈善机构处理，这样的变相降价方式大大吸引了顾客，这家商店每天的营业额高达 30 万美元。

瑞士一家商店采取了一种所谓的"转灯"降价策略，商店老板雇几位口齿清楚的男士或身着艳丽服装的女士，他们拿着红灯，手执麦克风，从一个铺位走到另一个铺位，介绍特价产品的范围、价格和降价钟点。时间一到红灯便开始闪烁，特价开始生效。所有产品在标价基础上再降50%。这一做法也起到了非常好的促销效果。

日本老板则更为精明，他们针对顾客在通货膨胀下的防卫心理，并不采用打折策略，令顾客感到货币的购买力不如从前，而是采用"100元买110元产品"的偷梁换柱推销术。这种推销术其实打折的程度比100元产品卖90元更低，而且可以让顾客形成一种货币升值的错觉。一家百货企业在采用这种定价策略后，其第一个月的营业额即增加2亿日元。

可见，使用降价策略，也要讲究方法，一个好的表达方法，能够有足够的吸引力吸引住更多的顾客。以下是企业经常用到的一些降价方法，以提高顾客的满意度，可以参考。

（1）价格不变的情况下，厂商增加运输费用支出，实行送货上门，或者免费上门，或者免费安装、调试、维修等。这些费用本应该从价格中扣除，因此，实际上厂家已经降低了产品价格。

（2）产品价格不变，但购买此产品时，馈赠免费的购货券，或赠送其他物品，如玩具、器皿、工艺品等礼品。赠送物品的支出也应从产品价格中补偿，企业实际上也降低了产品的价格。

（3）在价格不变的情况下，企业产品质量提高，性能改进，功能增加。实际上，企业也是降低了产品本身的价格。

（4）增大各种折扣的比例。企业在产品降价策略中往往采用各种折扣或回扣策略，如现金折扣、商业折扣、数量折扣等。

所以，企业在进行降价销售时，应该多开动脑筋，激发顾客抢购欲望，吊起顾客的胃口，同时，也让顾客从购买产品时获得快乐和满足。这里还要强调的是，如果采取价格战去攻击竞争对手，要慎重，以免造成两败俱伤，为其他企业提供坐收渔利的机会。

营销点评：

在制定好定价结构和战略后，企业还要经常面临价格改变和竞争对手的价格改变，为此还要做出相应的反应。

第八章　利用一切有利的资源——总经理要把握整合营销

整合营销传播的核心思想是：以整合企业内外部所有资源为手段，再造企业的生产行为与市场行为，充分调动一切积极因素以实现企业统一的传播目标。

◆ 整合营销保证新产品成功上市

决定新产品上市总是面临着比老产品更多的变数，也面临着更为严峻的市场挑战，新产品是否真的如预期那样能顺利进入市场，顾客是否能够认可这样的产品……

总之，会有很多问题出现，但是，如果产品本身质量没问题，且能保证有效的营销活动，适时地推出新产品，市场总是有的。

统一企业经营项目包括多项和民生消费相关的商品与服务，是一个多元化经营的综合生活产业集团。

现今的饮料市场品类繁多，而在南京市场一向以茶饮料和果汁型饮料为主。时值秋季，在饮料市场日趋平和的情况下，针对市场，统一在南京市场推出"雅哈"咖啡。针对咖啡市场而言，统一"雅哈"的竞争对手主要是速溶咖啡品牌。南京市场上主要有"雀巢""摩卡""超级"等品牌，且这些品牌在市场已拥有一部分固定的顾客。

"雅哈"咖啡面向的主要顾客群是刚刚大学毕业的职场人士，他们强烈期望被社会认同，渴望成功，是最注重潮流文化的社会新派。他们看各种时尚、新锐杂志，有广泛的生活情趣及自我修养。因此，为"雅哈"塑造一个总是坚信明天会更成功的品质理念尤为重要。

"雅哈"经前期户外灯箱联动，品牌造势成功。于是，在后期"雅哈"采用电波媒体的跟进和活动的"聚气"来共同完成品牌内涵的传递和消费促成，让顾客参与，进行与咖啡相关的时尚活动。

南京咖啡消费尚未形成气候，咖啡文化有待培育，"雅哈"咖啡借助活动，诠释顾客在喝咖啡时种种"随时"心情，引入"咖啡"话题，营造让顾客拥有"随心随行的咖啡馆"的品牌主张，结果，"雅哈"咖啡获得不俗的销售业绩。

企业可以从"雅哈"的案例中看出：一个新产品的推广计划在新产品上市时有多么重要。能够让产品推广给更多的顾客，让更多的顾客认识并了解该产品，该产品销售量就会更多。

那么，企业怎样才能成功地推出新产品呢？具体应怎样推出营销计划呢？新产品推广要求企业具备组织、策划、控制促销宣传活动的能力与水平，以最小的投入形成最大的推广宣传效果。在超市或学校地区做促销，需要企业大量的人力、物力投入，而企业的人力、物力有限。因此，企业除自行做一些推广宣传活动外，必须鼓励顾客共同参与推广宣传活动。推广宣传与目标顾客群体接触面越广越大，终端的"拉动"效果也就越好。另外，做新品推广宣传活动时，尽量利用条幅、遮阳伞、帐篷等工具，确保营造热烈的终端氛围。

具体来说，要注意以下四点。

1. 推出时间

有些产品有淡季和旺季之分，比如，羽绒服在冬天是旺季，在夏天是淡季，在旺季的时候卖出更容易赚钱。所以，有时候考虑淡旺季，赶在旺季到来前早几天进入，获利更多。除此之外，还要考虑老产品，一些新产品进入市场可能对老产品的推出造成阻碍，那么，可以等到老产品存货被处理掉后再把新产品投入市场。

2. 推出地点

投放地点要考虑产品投入地点的租金、运输条件和人群密度等问题。通常企业应该找到一个人群密度大的地方，进行集中宣传，等到在市场上有了一定的声誉度，就可以转战其他地方，逐渐扩大市场份额。

3. 推出目标

把目标顾客群定在最吸引人的名人身上，比如，一些优秀的人物或者一些明星，让他们打广告，这样会吸引很多人来购买。

4. 注意开支规划

企业不管用什么手段，都要进行有效的规划，在市场营销组合各因素之间分配营销预算，确定各项营销活动的顺序，有计划地开展营销活动。

总之，企业在进行产品推广时，应该注意把握好执行工作的质量和市场吸引力，这两点是出色完成营销的一个重要内容。

营销点评：

> 管理层一旦决定了该产品的概念和营销战略，那么，就要对该新产品的商业吸引力做出客观评价。管理层必须审查销售量、成本和利润预计，以便确定产品是否满足企业的目标。

◆ 借助整合营销传播，树立品牌形象

中国已经进入各种品牌高度竞争的时代，各种宣传广告充斥大街小巷，企业该怎样让自己的品牌在众多品牌中脱颖而出，这是一个必须严肃对待的问题。整合营销传播则能充分利用各种传播和营销手段，始终传达企业的品牌形象，通过合力的力量将品牌推出，实现品牌的异军突起效果。

中国糖果业以前都是国有企业，现在有越来越多的民营企业进入这个行业。随着民营糖果企业数量的不断增加，行业内的竞争也日益激烈。

福建雅客集团在中国糖果市场中起初并没有什么名气，当时有名的糖果企业分别是河南金丝猴、上海喔喔、南京冠生源等知名品牌。这些企业已经占据了糖果市场的大部分份额，对于雅客来说，要想在众多知名品牌的竞争中打响品牌，就必须付出更多的精力。

通过细分市场，他们发现人们更关注健康，于是，雅客集团结合市场状况和自身的资源优势，经过大量调研后将自己的目标锁定在了维生素糖果市场。

通过反复研究，他们将主打产品命名为雅客 V9，又研究其包装，最后确定以橙色为主体色再加上明星图片的包装，橙色加上明星效应无疑拉动了终端的销售。

为了推广雅客 V9 品牌，雅客在充分分析顾客特征后，制定了以下传播组合策略。

1. 平面和网络软文

毕竟对于维生素糖果概念人们还很陌生，这个市场还需要雅客进行稍加培养。于是，在正式投放前，雅客 V9 利用大量的软文向顾客介绍维生素糖果。同时，还通过报纸媒体的广泛性对雅客 V9 的代言人和费用做了大量宣传，吊足人们的胃口。在一定程度上刺激了人们的购买欲望。并且在电视广告宣传后，随着雅客 V9 的知名度提升，雅客又通过软文进一步宣传了其功能和核心品牌价值。

2. 电视广告

2003 年 8 月末，雅克 V9 的广告在中央电视台的黄金时段播出，广告一开始介绍"本年度最具创意的糖果雅客 V9 诞生"，随后由周迅说明雅客 V9 的功能："每天两粒补充每日所需的 9 种维生素"。同时将跑步的运动感和体育精神融合在一起，让人感受到健康与活力，非常有冲击力和感染力。

之后，雅克一直选择中央电视台集中投放广告，这让顾客无形中在心中树立了雅克维生素糖果第一品牌的形象，这样的集中投放，树立高门槛，让那些竞争对手望而却步。

3. 其他广告轰炸

不仅在中央电视台进行广告轰炸，雅客利用车体、灯箱、写字楼、社区等媒介进行宣传，人们到处都可以看到雅客的广告。

4. 锁定终端拦截

在消费终端，雅客设计了很多有趣的游戏，并且还有积分活动，吸引顾客的注意，同时也与顾客实现了互动。同时雅客还设计网络游戏来宣传产品，与顾客互动。

5. 事件 + 活动

当一系列的宣传让雅客的知名度迅速上升后，雅客就开展大规模的新品派发品尝活动，这样雅客的品牌进一步深入人心。

最后，雅客 V9 就是借助周密完美的整合营销，实现了打造知名品牌的目标，它无疑成了 2003 年糖果行业里的一匹黑马，以惊人的速度创下这个奇迹。

通过雅客传播的成功，可以看到，企业在宣传自己产品的时候，一定要紧紧围绕顾客展开，借助各种宣传手段和措施让更多的顾客了解产品。安排好各种宣传活动的前后顺序，通过促销组合将各种宣传工具的宣传效果发挥到最好，同时还要建立一个顾客资料库，准确掌握顾客需求的变化。

营销点评：

　　整合营销传播就是企业的所有部门都为顾客利益共同工作，一方面整合对外的传播工具与传播信息，以便通过"一种声音"传递清晰信息，建立对外统一的"品牌形象"；同时，还要整合企业内部营销、生产、研发等部门，通过协同合作，建立"信息源"，使顾客在各种"信息接触点"中获得浪好的印象。

◆ 定期衡量整合营销传播结果

　　并不是花费的费用高，就一定能够获得好的传播效果，所以，营销人员千万不要以为自己花了很多人力、财力、物力，就一定能够取得好的效果，以后就高枕无忧了。营销人员要进行整合营销传播结果的测评，客观地评估传播结果是否达到了预期的目标，如果没有达到预期的目标，那么，企业就要进行分析和调整，避免更大的浪费，保证营销效果。

　　在营销推广方案实施后要对其有效性进行总的评估，对营销推广效果评价方法的选择，应根据营销推广目标的要求或营销推广活动中所要控制的各种指标具体而定。常用的营销推广效果评价方法有：

　　（1）销售量变化比较评价法。销售量变化比较评价法是通过比较营销推广前、中、后各时期销售量的变化情况，来评价营业推广效果的一种方法。一般来说，营销推广会带来销售量的增加，但有些情况需要具体分析。

　　一种情况是营销推广时的销售量增加，但一段时间后销售量下降，并逐渐恢复到正常水平，而且不会比营销推广以前水平更高。这说明营销推广促销只是改变了顾客购买的时间，没有扩大产品的总需求量，不具有长期效果。

　　另一种情况是营销推广时销量增加，之后销售量下降，但过一段时间后，销售量再次增加，达到比以前更高的水平。这说明营销推广在扩大产品销售量的同时吸引了新顾客，取得了长期的效果。

　　还有一种情况是企业产品的市场份额在营销推广期间只上升了很

少或没有改变，活动期一过，销售量就回落并停留在比原来更低的水平上。这说明该产品基本上处于销售衰退阶段，促销活动只是延缓了衰退速度，但无法改变衰退的趋势。

（2）推广对象调查评价法。推广对象调查评价法是指通过对推广对象进行调查，了解他们对营销推广促销的反应和行动。如推广对象对营销推广活动的印象，是否购买了本企业的产品，对企业或产品的意见和建议。定期研究营销活动所影响的顾客群对产品的品牌，或产品的印象和感觉较之前有什么样的变化。

（3）实验评价法。实验评价法是指通过选择一定的推广对象进行实验，测定能够反映企业营销推广目标的有关指标的变化情况，以评价营销推广效果的一种方法。通过实验评价，可以弥补营销推广决策或方案中某些可能给企业带来更大损失的缺陷。

基于初步调查的结果，针对上述任何一部分或全部进行必要调整，然后再回到"执行"的步骤。

当然，为了保证营销实施的质量，企业也可以组织监督人员进行监督。

比如，"百威·品客夜"联合营销传播活动中，为了保证营销的质量和联合双方利益的公平，百威和品客特别成立了由双方人员共同组成的促销执行监督小组，专门负责监督联合营销的执行情况。一旦发现问题，促销执行监督小组就可以及时向总指挥中心汇报。而总指挥中心也可以根据具体情况，在最短的时间内做出反应，将问题带来的损失控制到最小。

有了总指挥中心和促销执行监督小组的双重监督和控制，"百威·品客夜"整个联合营销的执行工作进行得非常顺利。第一个测试城市——广州，营销效果显著，双方的销售增长都很明显。"百威·品客夜"首站即宣告大获全胜。于是，他们乘胜追击，深圳、上海、北京、南京、厦门……接下来十个城市陆续"开工"，"百威·品客夜"遍地开花。整个"百威·品客夜"联合营销取得了圆满成功，经过这次联合营销之后，百威和品客都获得了令人惊喜的销售增长，远远超过了预期的目标。

可见，整合营销传播活动做完还只是个开始，后期的评估和调整很重要，只有评估才知道效果好坏，才能为未来的营销推广方法奠定基础。

营销点评：

其实，只有10%的促销活动能产生超过5%的响应率，企业大部分的营销费用都浪费掉了，并且这种浪费更多营销费用的趋势还在继续。

◆ 整合营销传播内容和沟通渠道

在具体进行营销操作的时候，企业要研究该怎样宣传，传播渠道在哪里等问题，这些都是营销实施过程中非常重要的问题，如果这些问题不能得到有效解决，那么，整合营销传播最终就无法实现想要达到的目标，所以，一定要把传播信息写清楚，也要把传播渠道设计好，让传播的效果达到最好。

传播内容的设计主要解决的问题是说什么、怎样有逻辑地说、以什么形式说及由谁来说的问题，以达到更好地传播效果。

在设计信息内容时，企业一定要注意以下几点：

（1）信息内容。营销者一定要设想目标顾客在听到什么样的信息后才能产生所期望的反应。营销者需要对主题的构想给顾客传达独特的销售建议，引起顾客关注，促使顾客购买。

（2）信息形式和结构。信息是否有效，不仅仅要靠内容，形式和结构问题也不可忽视。

营销员应该在信息设计上设计出一种比较有力的表达形式。比如，通过对文字字体、颜色、插图别出心裁的设计，引起目标顾客的关注。还可以利用广告，将文字转化成集视听、表演于一体的声情并茂的宣传情景，提升宣传效果。

根据不同顾客群的特点和产品的特点，应该采取不同的结构。比如，如果目标顾客都是一群受过高等教育的人，他们都有广泛的学识，且产品的使用不太复杂，在结构上就不必太烦琐，他们会对试图提出解释的做法感到厌烦；反过来，如果目标顾客群受教育程度不高，且产品使用比较复杂，就要进行详细的解释和说明。

（3）信息来源。如果信息出自一个知名权威人士所说所写，产品的宣传信息就可以借助名人效应得到更好的传播。如果信息来源于历史名著，也可以吸引目标顾客的眼球。总之，利用其他事物的名气扩大产品的宣传会起到非常好的效果。

在设计好信息内容后，市场营销人员就要选择有效的信息沟通渠道来传递信息，信息沟通渠道是联系产品和顾客的重要通道，所以，营销人员要增加信息传播渠道，扩大宣传范围，达到更好地传播效果。

通常说的沟通渠道，一般指具有沟通性质的市场营销工作，比如，各种形式的广告、竞赛、赠品券、赠送样品、彩券以及宣传等。具体来说，沟通渠道分为两种类型：

（1）人员沟通渠道。这主要包括彼此直接沟通信息的两个或更多的人。人员沟通渠道可以进一步分为倡议者、专家和社会渠道。在推广新的产品时，使用这样的沟通渠道更好。

（2）非人员沟通渠道。这种沟通方式，不通过人员接触或相互作用来传递信息，主要利用媒体、气氛和事件来达到与目标顾客沟通的目的。对目标顾客很有激发作用。

可见，沟通渠道很多，企业在具体营销传播过程中，需要根据不同的顾客，以及想要达到的目标、产品特点，酌情考虑使用多种沟通渠道，以便足够吸引顾客。

有些企业非常聪明，把一些复杂而有趣的拼图拆散，分装于不同的产品包装内，顾客要想集齐这些拼图，不反复购买几十次该企业的产品恐怕不行。拼图完成后，有可能是一辆翻斗大卡车，有可能是一架波音 747 飞机，也有可能是一个电子宠物，顾客根据拼出的图样，就可以到商家指定的地方，领取一辆非常不错的电动玩具翻斗大卡车或一架电动玩具波音 747 模型飞机等。拼图游戏就又变成了寻宝游戏，这样的游戏对少年儿童有很大的吸引力。

一家方便面企业就把名著《水浒传》中的一百单八将做成精美的卡片，置于方便面袋内，如果想集齐，即使运气好，每次都能买到不同的卡片，至少也需要消费方便面 108 包。当一些小朋友忙于收集、交换《水浒传》一百单八将的时候，厂家就在旁边偷着乐。

不单是儿童食品，一些成人产品的生产厂家也喜欢"玩"游戏。比如，在北京建材市场上，就流行用拼图游戏促销。顾客从商家处取得拼图游戏后，如果能够按照商家规定的条件将拼图完成，就可以得到商家的价格优惠。因为优惠幅度较大，顾客踊跃参与；一些顾客甚至乐此不疲。

这些有效的沟通渠道，让顾客乐在其中，企业也可以扩大自己的销量，并且企业将目标顾客紧紧锁定，对自己品牌的打造有很好的作用。

总之，企业应该开动脑筋，寻找到适合自己产品的沟通渠道，并不断完善沟通渠道，让更多的人喜欢上自己的产品。

营销点评：

　　整合营销传播是一个完整的沟通过程，它不仅仅针对最终顾客，也不仅仅是指新品发布、广告投放。企业要采用多种传播沟通渠道，使整个价值链的各个环节都参与到营销传播中。

◆ 学会选择最优的整合营销战略

整合营销（Integrated Marketing）是一种对各种营销工具和手段的系统化结合，根据环境进行即时性的动态修正，以使交换双方在交互中实现价值增值的营销理念与方法。整合就是把各个独立地营销综合成一个整体，以产生协同效应。这些独立的营销工作包括广告、直接营销、销售促进、人员推销、包装、事件、赞助和客户服务等。战略性地审视整合营销体系、行业、产品及客户，从而制定出符合企业实际情况的整合营销策略。

从整合营销含义的演变过程可以看出，其创始者已经赋予了整合营销以新的内涵，结合整合营销理论的最新进展，可以将整合营销在企业中的实施与应用分为以下几个层面：

首先，整合营销既是一种新的营销思想和理念，更是一种管理思想和管理理念，是企业发展战略和经营战略的重要部分。通过整合企业内外部的各种资源和要素，实现企业真正从生产为核心向以营销为核心的方向转变。

其次，整合营销又是一种管理体制和管理手段。作为一种管理体制，就是将整合从市场营销部门的行为提高到整个公司的行为，使其成为企业经营战略的基础。确定企业经营战略的核心就是通过合理有效的机制，统摄企业的内外部资源，使企业的对内、对外的沟通与传播机制完全建立在整合营销的思想之上，实现企业内部管理信息的整合和企业对外传播信息渠道的整合。它要求企业的信息传递要具有一致性，即纵向一致和横向一致。纵向一致是要求企业的经营战略、策略、企业的价值观及大众传媒所传递的信息在相当长时期内要协调一致；横向是指企业在同一时间内通过各种渠道所传递的信息要一致。作为一种管理手段就是要通过建立相应的组织机构和管理渠道，从而使企业与所有利害关系者都能够进行有效沟通，即与消费者、员工、投资者、竞争对手等直接利害关系者和社区、大众媒体、政府及各种社会团体等间接利害关系者进行密切有机的传播活动，了解他们的需求，并通过合理的渠道和恰当的方式，将之快速反映到企业的经营战略中，持续一贯地提出对策。

最后，整合营销还是一种新的营销理念和营销模式。是在产品同质化和市场营销手段相互模仿，市场趋于饱和，消费者难以分辨优劣的背景下，企业实现差异化和赢得更多顾客的营销理念和营销模式。作为营销理论，其中心思想就是企业通过与消费者进行有效的沟通，以满足消费者需要的价值为取向，确定企业统一的促销策略，同时协调使用不同的传播手段，发挥不同传播工具的优势，以较低的成本形成强大的宣传攻势和促销高潮。

要使以上内容都得到贯彻，其在实施整合营销运作的过程中也有四个关键层次需要把握：

第一层次，就是首先协调营销传播中所有可管理的部分，如广告、公共关系、人员直销、销售促进等，将之调整为一个连贯的、统一的整体。重点是放在提高及加强运作效力和外向型传播的传送上。因此，对所有产品、所有市场的对外传播的各种手段和渠道的整合是整合营销的核心。

第二层次，企业内部的连贯性和一致性是营销传播一致性的保证。因此需要对企业的内部资源进行整合。使企业从以公司、以运作为导向，转向以客户、消费者和终端用户为导向。为此，企业必须建立相应的组织机构，从组织上保证整合营销的实施。同时，应确立使客户结识品牌的"关键点"之所在。这些"关键点"应作为客户或者潜在客户了解这个品牌、产品类别以及商品或服务提供商的基本信息。除品牌的传播效力外，产品、价格、渠道、销售促进的主要措施以及雇员制服、方便实用的用户手册、产品包装、投诉解决程序、询问回应时间、忠诚认可度、信誉调整、清楚明白的接触通道等等，都会影响企业的增长机会。特别是以员工作为营销传播目标是第二层次的一个关键方面。如果内部营销传播计划不支持或与外部营销传播计划不相一致，可能会使最多达40%的营销传播花费被浪费掉。

第三层次，是企业应利用已确立的组织机构和技术能力，建立合理的内部信息传递通道和客户信息管理系统。主要包括两种形式，第一种形式是企业内部信息以最优方式被传递给客户、潜在客户和其他目标人群；第二种形式是通过数据库的使用，将有关的客户和潜在客户信息通过数据库而实现有效管理。

第四层次，推动企业的战略决策与财务整合。主要解决企业的资源分配和企业合作问题。

地处西北的西部啤酒有限公司是一家典型的西部中小型企业，企业要想在激烈竞争的市场上立足，就必须首先使内外部一切可能的资源都能够得到合理的调配，同时必须解决品牌的传播效应问题，而这正是整合营销传播的独特功能。

西部啤酒公司实施整合营销战略的主要内容包括：

第一，设立整合营销中心，协调营销传播中所有可管理的部分。分管其下属的企划公关、产品研发、销售服务三大职能部门，负责具体市场营销工作，如广告、公共关系、人员直销、销售促进等，将之调整为一个连贯的、统一的整体。同时，以营销为中心，协调各个部门之间的工作为营销服务。发挥各类资源优势，推动全员营销局面的形成。

第二，规划企业的内部资源。建立相应的组织机构，从组织上保证整合营销的实施。通过部门整合将原先分离于数个部门中相互有关联的岗位和部门整合为一个职能部门，避免部门和岗位的重复设置及水平沟通障碍。消除政出多门的现象，减少沟通环节，提高工作效率。同时，将品牌价值扩展到内部供应链每一环节的管理上，如果内部营销传播计划不与外部营销传播计划相一致，可能会使大量的营销传播花费被浪费掉。

第三，建立合理的信息管理系统。使整个公司的 PDCA 循环建立在以信息为核心的基础上，根据信息系统提供的准确信息由决策系统进行决策，然后根据决策和相关信息由相关部门制定相应计划，再由执行部门根据计划下达指令给相应机构去实施，最后由执行部门反馈情况给相关部门及时进行检查和反馈。通过决策系统、计划系统、执行系统和检查反馈系统对信息的共享和充分利用来完成整个循环。

第四，推动企业财务与战略决策系统整合。通过关注顾客，获取顾客价值信息，使得公司能以可评估的"投资回报率"为基础来进行营销传播投资，公司可以得知整合营销传播能给公司带来的价值。这就使得企业从每一个方面，从产品质量、人力资源到售后服务等进行战略、组织等方面的全面改造，以真正发挥整合营销的作用。

营销点评：

整合营销可以让每个营销渠道互相关联促进，相辅相成，达到 1+1 ＞ 2 的效果。

第九章　抓住客户，实现持续性销售——总经理要重视客户管理

客户是企业利润的源泉。在现代市场经济条件下，客户及其需要是企业建立和发展的基础。如何更好地满足客户的需求，是企业成功的关键。

◆ 目标人群是否越"大"越好

面对新客户时，每当听闻对方讲"我们的产品特别好，适合所有人"，抑或"目标人群这部分你们不用操心，没必要做画像，因为到处都是受众，直接开始做内容吧"，就要暗暗心中警惕。

这往往意味着跟客户展开一场深入地沟通迫在眉睫了。如果在这个问题上无法达成共识，未来的很多工作就难以顺利进行。

并非说，只要把目标人群的圈子画的很大就一定错。很多快消品企业，由于生产的是民生类日用品，的确人群覆盖面很广，比如矿泉水、洗发水等类型的产品，无论是受众年龄还是地域都跨度很大。但尽管人群广泛，我们依然需要探寻大家的购买动机、触媒偏好等等，才能更有效地做营销。

而且，更多的情况是，企业的目标受众人群是越"小"、越"少"越有效的，精准比人数多更加重要。

1. 圈子越小，营销费用浪费得越少

再有钱的企业，营销费用也是有限的，而中国的人口数，按照2015 年国家统计局的数据，已经是 13.68 亿。如果企业针对全部国人做推广，试想一下，营销费用再多，花起来也如同在一片汪洋大海中撒了一把"鱼食"。一把鱼食怎么可能捕获整个大海的鱼群呢？

有限的"鱼食"只能被有限的鱼儿看到。而就算看到了，也不见得愿意"上钩"。对于新品牌来说更是如此。看到产品的人有可能会因为不认识这个品牌选择先观望一阵子。如果想反复影响他们，以便提升好感，企业却发现自己已经没有钱了。因为一开始盘子铺得太大，

导致营销费用后继无力。

但是，如果针对一个特定的人群做定向推广。虽然人口数量小了很多，但同样的钱却可以反复影响他们。从推广费用的投入产出有效性上来看，这种选择更加合适。

2. 圈子越小，越容易"获得芳心"

之所以认为"目标人群"越多越好，是这么计算的：目标人口数量越多，可以"买我东西"的人就越多。

其实不然。这种推论里有个遗漏的逻辑是：虽然买东西的人数上升了，但每个人可以买的商品种类上升得更快。

同以前物资匮乏、信息也匮乏的时代不同，现在的社会不是匮乏，而是过于"富裕"了。作为消费者，并不是没有选择或只有少量选择，而是选择太多。拥有更多购买选择的消费者，为什么要独独购买你的产品呢？这个问题才重要。

同理，站在企业的角度，如果是面对全人类发言，让这个企业说点什么才好呢？就算找了一个共同话题，也一定非常空洞。但如果只是针对一小群人，比如"特别热爱摇滚乐的、80岁以上的时髦老爷爷"或者"特别喜欢周杰伦的00后少女"，那么"共同话题"找起来就容易得多了，并且很容易有共鸣。

3. 圈子越小，越容易精准找到营销渠道

同商品和信息一样增长迅速的还有媒介渠道。以前，企业可以投放的媒介渠道十分有限，不外乎是平面、电视等传统媒体。但是现在却大不相同，基于互联网的平台自不用提，微博、微信、豆瓣、知乎等都聚集了大量的网民，线下的渠道也丰富多了。

设想一下，如果企业的目标消费人群是全部国人，要如何选择传播渠道呢？最佳答案可能是"全部渠道"。但企业的营销费用是有限的，所以一定会出现上文描述的场景，把有限的"鱼食"撒在了一片汪洋大海中。

如果目标人群很聚焦呢？比如"特别热爱摇滚乐的、80岁以上的时髦老爷爷"。分析这群人的日常触媒习惯时，会发现由于很聚焦，大家的共性也相对突出。他们日常最喜欢的信息源，就是我们应该选择的传播渠道。

用这样的方法，通过数据筛选出的渠道，无论是线下或线上，都是性价比最高的选择。如同把鱼食撒在了一个小鱼缸中，鱼缸虽小，成功率却高多了。

营销点评：

综上所述，营销人要尽量努力帮助品牌找到相对小而精准的人群，并且深入了解人群特征，才能在正确的地方，让正确的人，看到正确的信息。

◆　建立起明细的客户管理数据库

"知己知彼，方能百战百胜"，收集客户资料就像作战时收集情报一样，它直接影响到后面的销售决策。客户资料、客户需求、产品价值、客户关系、价格、客户使用后的体验等各个方面都是我们需要了解的信息。

随着经济的发展，市场竞争越来越激烈，而市场竞争的焦点又集中在对客户的争夺上。客户俨然已成为企业最为宝贵的战略资源，谁拥有了客户，谁便掌握了竞争的主动权。顾客信息，即顾客数据，是顾客特征、需求、消费等各个方面的一系列相关信息的总称。收集客户信息的分类，按客户行为来分，可以分为客户购买信息、客户需求信息、客户消费信息等；按客户特征来分，可以分为客户构成信息、客户信用信息、客户分布信息等；按客户的消费状况来分，可以分为现有客户信息、潜在客户信息等。此外，还可以根据客户心理、客户性质、客户对销售、臣绩的贡献等进行分类。

企业要特别重视信息的收集。一般来说，收集客户的信息有两种方法：

第一，直接法。直接法就是营销人员通过自身的努力，来获取客户的相关信息，通常主要有三种途径：一是通过企业发行办理的会员卡来了解客户的信息，客户的档案及每次的消费记录通过会员卡输入计算机系统，并由计算机累积储存；二是通过设立专门的客户服务机构，如客户关系中心等来收集客户信息，直接针对客户进行实地调查或访谈也是许多营销人员会采用的一种有效方式；三是通过企业的销售系统、销售记录或管理系统等来了解客户购买的商品种类、数量、单价等方面的信息。

第二，间接法。这是指营销人员通过外力来获取客户信息。通常有两种途径：一是通过委托其他专业的市场调查公司、咨询公司或销售员自己通过发放问卷、实地调查等方式进行市场调研，来收集客户信息；二是通过查阅公开的资料如报纸、杂志等来了解客户信息。

这两种方法比较而言，直接法由于是营销人员通过自身直接了解客户，因此往往更贴近现实，具有较大的可信度，但是这一方法也有很大的缺陷，那就是只能对已有的客户进行观察、研究，却很难了解到潜在客户的情况，而使用间接法获取客户信息在很大程度上能够弥补这一缺陷。因此，在收集客户信息时最好是同时使用这两种方法。

当我们把客户的信息收集上来后，如何处理也成了不少营销人员头疼的事情。一般而言，客户的信息处理分为以下三个阶段：

第一，信息的前期处理阶段。客户信息不能直接用来进行分析，必须经过筛选、提炼，才能变成有价值的信息。其主要做法是建立客户信息库，其目的在于促进销售和加强与客户的联系。客户信息库的建立过程，同时也是信息加工和整理的过程。

第二，客户信息库需要维护阶段。要使客户信息库发挥更大的作用，还需要对信息库进行持续的维护，以确保客户信息的长期有效。实现这一目标的有效途径是对客户信息进行深入的研究和全面的分析。这是客户信息处理过程中最重要的一个环节。

第三，信息反馈阶段。销售人员合理、高效地使用了客户信息后，效果如何？客户信息库的建立、整理、分析是不是达到了预期的效果？通过对类似问题的回答，这些信息又将回到起点，经过不断的修正、调整，为营销人员服务。

营销点评：

由此可见，我们首先要建立客户信息系统才能挖掘到客户的需求，有针对性地介绍产品及其价值，等客户接受后再进行价格谈判，以让客户对你的服务百分之百的满意。

◆ 用最佳手段让客户对自己忠诚

要想让客户对企业营销的产品，建立一种持久的忠诚度，只有不断生产出消费者真正需要的产品，才可能获得客户对品牌的忠诚。但是在大多数消费者已经满足了基本需求之后，或者说在同质化的品牌时代，就需要进一步满足客户对于商品体验的需求，品牌才会产生更高的溢价。

所以，应该将企业营销的重点，从商品的生产设计转移到如何为客户创造一种完美的体验上。美好的体验可以为客户造成一种良性循环，企业应把每一类消费者都看成拥有独特个性的人，满足他们的个性化需要，就会与消费者在情感上达到交融，拉近产品与消费者之间的距离。

1. 通过互动为产品增添参与乐趣

市场营销也从过去企业生产出产品，再进行宣传，并组织和发起营销活动，消费者只是被动地选择接受信息、购买产品的方式，走向了消费者直接参与企业"互动"的新时代。那么究竟何为"互动"，"互动"又有那些好处呢？

消费者在接受产品及服务时，"非从众"心理和直接参与的需求也日益增强，更相信自己的判断和感觉。这使得消费者更加关注在使用消费产品过程中的互动感受。所以那些主动请消费者参与互动的产品营销，受到更多消费者的欢迎，所以自助餐、自助旅游、DIY 潮流等大受欢迎、大行其道，消费者的参与热情也分外高涨。

2. 通过温暖的情感建立产品忠诚度

面对琳琅满目的同质化产品，消费者选择的机会太多，理智的天平就会倾向于感性。而美好的体验，是可以增强消费者对品牌认知和好感，彰显服务价值和形象价值，从而赋予独特的魅力，与消费者建立牢固的情感联系。

在过剩经济的时代，冷冰冰的产品是不会说话的，只凭产品质量已经无法打动消费者的心了。但是如果附上了温暖的情感因素，情况就会大不一样！

3.DIY 时代，展现消费者的个性

在全球市场充斥同质化商品的今天，人们已经从被动接受企业的商品中超越，进而主动参与产品的设计与制造。消费者越来越希望企业能够按照消费者的生活意识和消费需求，来开发那些让他们能够产生共鸣的"生活共感型"产品。在这个过程中，消费者可以充分地发挥自身的想象力和创造力，热情主动地参与产品的设计、制造和加工，通过创造性的消费，体现消费者独特的自身价值与个性，从中获得更大的成就感、满足感。正是这种消费理念，催生了充满个性化、以独一无二为时尚的 DIY 的诞生。

在国内，参与 DIY，也已从最早的"攒电脑"发烧友，渗透到年轻人生活的方方面面：DIY 服装、DIY 饰品，甚至还有 DIY 家居装饰。DIY 就是自己动手，每个人都可以自己做，因此 DIY 物品充溢着不可复制的个性，代表主人独特的审美情趣。

4. 互动电视娱乐项目的兴起

电视互动娱乐，就是指把计算机、电视和电话结合到一起，计算机成为电视节目的播出服务器，再将节目通过有线电视频道播出来，让消费者参与这个互动过程，在家中通过拨打热线电话选择节目，消费者即可控制播出服务器，在家中的电视机上收看自己点播的节目，从而实现双向互动娱乐。节目类型包括音乐、动画、影视、综艺娱乐、

网络流行 Flash 等各种时尚流行内容。

而互动游戏，则是利用计算机设备，为有线电视台开展的一种全新的增值业务模式。游戏的过程是当用户拨通了游戏热线之后，在语音提示下进入游戏现场，再通过电话机的按键进行指令输入，电视机就会输出游戏画面。还可以 2 ~ 4 人同时进行游戏，因此这种互动游戏系统使运营商的收益空间更为广阔。

无论是自助餐、自助游、互动电视还是 DIY，本质上都洋溢着浓烈的个性色彩。在产品使用的过程中，消费者的参与互动，促成了人与产品之间的情感交融，产品一旦与消费者形成互动关系，消费者会被完全吸引，使其在产品互动过程中产生情感触动，从而激发消费者的消费意愿，这就是"DIY 时代"，消费者个性化的完美展示。

营销点评：

现在的消费者，不仅重视产品本身带给他们的利益，更重视在购买消费产品的过程中，获得符合自己意愿和情趣喜好的特定体验。在产品功能大致相同的条件下，体验则成为产品关键价值的决定因素，成为消费者做出购买决策的依据和理由。

◆ 寻找顾客退货的原因

在以前不重视消费者权益的年代里，一般的商店为了防止客户退货所产生的困扰，大多在店内挂上一个木牌，上面写着："货物卖出，概不退还。"意思是告诉上门的客户："买卖成交，想要退货，门都没有。"然而随着时代的进步，消费者主导市场的观念逐渐形成，消费者保护法中明确规定：正常的交易中，消费者在没有破坏包装完整的前提下，自购买日起7天之内，商家必须接受退货或换货的请求。

现在一般的情况是，如果客户带着商品前来换货，推销员大都还会接受要求（因为客户依然有消费）；但若是客户坚持要求退货还款，推销员就不乐意（因为退货会扣除业绩额），他不是找理由故意推托，就是极力劝说，甚至为了不让客户退货而进行争辩，其目的就是想要客户打消退货的想法。如果客户尚可接受推销员的说法倒也无妨，但最常见的状况是因为客户执意退货却遭人刁难，反而导致客户和推销员的冲突，这样一来，客户原先对商品不满的情绪会再次加深，推销员终于成为客户的拒绝往来者，不再能把该产品推销给客户。

其实站在法律立场，消费者绝对是有权力要求退货的，所以推销员没有充分的理由不得拒绝。既然如此，推销员就必须从客户的退货原因中，找出不满意的症结点，加以改善，以免错误一直延续下去。这些不满的原因大约有下列几项：

（1）对产品的功能或品质怀疑

客户对商品的使用功能产生怀疑，一定是推销员在解说时未尽其意，所以受到不确定的心理影响，退货的想法因而萌生。针对这个问题，推销员必须立即重新解释，更正客户先前错误的观念以化解其疑虑，重新建立客户对商品的信心。

（2）对服务的态度不满意

售后服务是推销商品的后续行动，也是下一次推销的前置作业，若服务的态度不佳，引起客户的反感是必然的。通常，为了消除客户不满的情绪，除了道歉之外，还可以用赠予小纪念品的方式来唤回客户的认可。

（3）对价格很在意

如果同一商品你卖得比较贵，顾客一定会有吃亏上当的感觉。对于类似的问题必须先彻底了解原因，是不是同行竞争产生降价行为，或根本是客户得到的资料有误。如果所言属实，则应该立刻改善，以免损害商誉，否则就得不偿失了。

总而言之，客户的认同与否将决定推销成绩的好坏，但是，在制造过程中总会出现有质量问题的产品，但是如果以此为借口，则品质很难提升。日本的一家电器工厂对于品质管理的标准要求以"零缺陷"为基准，即使如此，仍然会接到客户不满意的投诉。可贵的是，每当客户不满意的信息传来时，专门负责客户抱怨的公关部门总会立即追踪处理，并相信客户愿意提供缺陷是认同产品的象征，并大力改善缺陷，诚恳答复客户的不满，慢慢地，果真接近"零缺陷"的境界了。只有真心诚意地面对问题，具有积极的态度，才是解决客户退货的最佳方法。

营销点评：

营销员面对退货的客户要真心诚意地对待，要有积极的态度，这才是解决客户退货问题的最佳方法。

◆ 妥善应对顾客的抱怨与投诉

投诉，对快消品企业来说，一定是比较忌讳的词了，一般的人，估计谁也不想被别人投诉，因为被别人投诉了，说明你在工作中或者你在为人处世方面做得不够好，未能让别人满意，不能让别人信服，给对方带来了物质上或者精神上的损失或者伤害。其实投诉并不可怕，可怕的是我们不能正确地去面对。有些人面对投诉，抱着消极、报复的心态去处理，这样的处理方式显然是错误的。正确地面对投诉，处理投诉，不但可以锻炼自己处理复杂问题的能力，培养自己的协调能力，而且还能从处理投诉的过程中，提高客户的忠诚度，拉近与客户之间的距离，维护好与客户之间的关系。特别是随着售后服务的规模化，处理客户投诉的程序与方法有了更为严格的规定：

第一，建立客户意见表（或投诉登记表）之类的表格。当接到客户异议的信息时，要在表格上记录下来并及时确认信息的正确性。

第二，专业的售后服务人员接到信息后应尽快通过电话、传真或到客户所在地进行面对面地交流沟通，详细了解客户提出异议的内容，如产品购买的时间、是如何使用的、问题的表现状况、在使用本产品前曾使用何种品牌等。

第三，分析这些问题的有关信息，并做好向客户说明及解释的工作，规定与客户沟通协商的原则。

第四，将问题向领导汇报，同时提出自己的处理意见，待领导批准后，要及时答复客户。

第五，客户同意处理方案后，签下处理协议。

第六，将协议反馈回企业有关部门实施，如需补偿的，则应尽快将补偿送至客户手中。

第七，跟踪处理结果的落实，直到客户答复满意为止。

面对客户措辞严厉的异议，有人可能会非常的气馁，甚至有些女销售人员会掉眼泪，但是有的人会比较坚强，遇到客户的异议，能比较冷静地分析出现问题的原因以及解决问题的方法。随着消费者素质的提高和法律意识的不断增强，企业对销售人员的专业知识和透明度有了越来越高的要求，对售后服务人员的业务素质和水平也有了越来越严格的规定。所以面对客户的投诉和异议，无论是企业，还是基层的销售人员，都要在思想上高度重视起来，采用正确的处理方法：

第一，确认客户遇到的问题。认真仔细、耐心地倾听客户的叙述，边听边记录，在对方陈述过程中判断问题的起因，抓住关键因素。尽量了解异议产生的全过程，听不清楚的，要用委婉的语气进行详细询问，注意不要用攻击性的言辞。然后，把你所了解的问题向客户复述一次，让客户予以确认。了解完问题之后还要征求客户的意见，询问他们期待如何处理，有什么要求等。

第二，分析问题。在自己没有把握的情况下，不要立即下结论，也不要轻易许下承诺。最好的方法是对客户说："等我向企业领导汇报之后尽快给您答复。"

第三，互相协商。经过与领导的协商并得到明确的处理意见之后，在与客户沟通之前要考虑以下问题：公司与客户之间，是否有长期的交易关系？当你努力把问题解决之后，客户今后是否可能再度购买？客户的要求是不是无理要求或过分要求？

如果是客户方面不合理，且日后再次购买的机会不大，你大可明确地拒绝。但是，我们在与客户协商时同样要注意言辞表达，要确保语意表达清楚明确，尽可能听取客户的意见并观察其反应，抓住要点，尽量妥善解决。

第四，处理及落实处理方案。当有了处理方案后，要明确地通知客户，并且在以后的工作中跟踪落实的结果，直到客户反映满意为止。

只有我们认识到客户投诉的重要性，积极面对、迅速处理、以诚相待、善意地化解客户的投诉与异议，满足其愿望，继续对其提供优质高效的服务，将客户的投诉当作一种资源来利用，才能达到双赢的目的。

营销点评：

如果能够正确处理客户的投诉，将客户所担心的问题一一解决，那么客户的投诉势必会转化成非常有价值的信息，帮助企业和营销人员进一步改进自身、完善自身。

第十章　开阔你的眼界——总经理须了解多种营销模式

营销的方式有多种，它随着社会经济的发展而不断发展，时代在进步，企业的管理水平要得到不断的提高，方可站稳市场。要灵活的运用营销的多种方式，才可把握时机，操控市场。

◆ 病毒营销——最快速的营销途径

什么活动，可以在短短一周之内，吸引 1 亿双眼球，让 1100 万人参加并为之传播，每 3 分钟有十几万人争夺参加资格？

当所有的奥运合作伙伴都在为 2008 年北京奥运会临近的营销和传播绞尽脑汁的时候，可口可乐再次出手，而且，这一次是全方位整合传播。当然，赞助奥运火炬传递活动是可口可乐多年来延续下来的参与奥运的方式，但是，不同的是，此次可口可乐在中国玩出了新花样：奥运火炬在线传递活动。

当 QQ 用户习惯性地打开 QQ，会惊奇地发现若干个网友已经悄然成为奥运火炬在线传递形象大使，他们的 QQ 秀上也戴上了可口可乐颁发的丰功伟业勋章。越来越多的 QQ 用户参与到奥运火炬在线传递大使资格的争夺中，争夺 300 多个形象大使名额。鼠标轻轻一点，QQ 用户就可以实现自己参与奥运火炬传递的愿望。而且，这个资格将会作为 QQ 秀标签，一直保持下去。不得不承认，这一活动获得了巨大的传播效应。这的确是一次精心策划的活动，正如可口可乐所说：让消费者有全方位的奥运体验。传统的火炬传递赞助 + 限量版纪念罐，而此次精心策划的奥运在线火炬传递，则更像是点睛之笔，将可口可乐的行销和传播渗透到每一个年轻消费者的心中。

而最为关键的是，此次腾讯打奥运擦边球，比起此前的百事我创与网易、微软及伊利与酷 6 和土豆网的合作，来得更直接和凶猛。作为非奥运赞助商，腾讯利用媒体优势，充分借用了可口可乐的奥运赞助商资格，在奥运借势营销上找到了自己的"第六罐可乐"。而可口可乐换来的是腾讯的充分配合，以及目前腾讯足以撼动中国年轻一族的客户资源。

腾讯与可口可乐充分实现了价值最大化。而且，其最大的优势在于，这是一场持续半年的合作，在资源上没有任何浪费，双方充分共享网络媒体的平台资源。

1. 病毒式营销的又一经典

病毒式营销利用的是用户口碑传播的原理，在互联网上，这种"口碑传播"更为方便，可以像病毒一样迅速蔓延，因此，病毒式营销成为一种高效的信息传播方式。而且，由于这种传播是用户之间自发进行的，因此，是费用极低的一种网络营销手段。

在此之前，病毒式营销的典型范例为 Hotmail.com。Hotmail.com 是世界上最大的免费电子邮件服务提供商，在创建之后的 1 年半时间里，吸引了 1200 万注册用户，而且还在以每天新增加 15 万用户的速度发展。令人不可思议的是，在网站创建的 12 个月内，Hotmail.com 花费了很少的营销费用，还不到其竞争者的 3%。Hotmail.com 得以爆炸式发展，就是由于其充分利用了病毒式营销的巨大效力。

但是，病毒式营销概念出现至今，在中国的商业环境中，鲜有经典之作。

此次可口可乐奥运火炬在线传递活动，贵在传递：要么，上游有人邀请你，你可以获得火炬，成为奥运火炬在线传递大使；要么，你自己去争夺，但你要邀请一个新的网友加入，也就是说，获得可口可乐奥运火炬在线传递大使的资格是，你必须将这一活动传递给你的一个朋友。如此口碑相传，人们传递的不仅仅是奥运火炬，更是心中的信念和参与奥运的激情，而将这一切链接在一起的，则是 QQ 用户的新价值体验和可口可乐的病毒式营销。

在未来的半年时间里，越来越多的人通过腾讯和可口可乐的病毒式营销，加入到可口可乐奥运火炬在线大使和火炬手的争夺中，为这一"荣誉"而绞尽脑汁。这是众多年轻网友心甘情愿的，也是他们引以为荣的。

2. 品牌联合的又一创新之举

可口可乐与腾讯举办的此次奥运火炬在线传递活动，虽然名义上，腾讯为非奥运合作伙伴，无法直接与奥运会进行链接，只能作为可口可乐的互联网媒体合作商，在活动的主页上标出"技术支持：腾讯"，然而这种合作，已经形成事实上的品牌联合，双方形成了最大化的商业利益链，腾讯 QQ 软件作为平台，而可口可乐作为内容。两个价值取向相同的品牌借助于同样的奥运资源，在创造巨大合力的同时，充分实现了双方共赢和品牌价值最大化。

而在此之前的各大品牌奥运互联网营销，都是创意当先，无论是伊利、微软还是百事可乐，都把食品创意大赛当成了法宝与敲门砖，似乎互联网只有通过创意视频才能形成互动。但是，大家似乎忘记了，实际上，互联网创意视频的作者和主要浏览人群就是那些基本固定的族群，创意视频能影响的也就这些人。当伊利几度与酷 6 合作推出"有我中国强"奥运系列视频大赛，微软与酷 6、土豆网合作推出"2008 不能没有你"视频创意大赛，百事可乐连续几次与网易合作推出百事我创系列活动之后，可口可乐再一次告诉我们，互联网并不仅仅只有视频分享可供炒作。可口可乐也再一次证明了自己对商业推广真谛的充分理解。

3. 整合传播的新经典之作

可口可乐的奥运互联网营销，实际上从它获得奥运会赞助商资格的时候，就已经开始了。此次可口可乐推出奥运火炬在线传递计划，与其传统的赞助奥运火炬传递活动是一脉相承的，从产品造型设计、终端包装、奥运歌曲、空中传播、地面推广以及互联网行销，所有的渠道和媒体都传递着可口可乐一致的声音："奥运火炬传递"。

更为关键的是，可口可乐与腾讯充分利用了大众渴望参与奥运、祝福奥运的热诚。

尽管人们知道这是一场精心策划的商业秀，但是谁又愿意错过这样一个表达真心祝福的机会呢？

营销点评：

病毒营销在于找到营销的引爆点，如何找到既迎合目标用户口味又能正面宣传企业的话题是关键，而营销技巧的核心在于如何打动消费者，让企业的产品或品牌深入到消费者心坎里去，让消费者认识品牌、了解品牌、信任品牌到最后的依赖品牌。病毒营销是网络营销方式中性价比最高的方式之一，深入挖掘产品卖点，制造适合网络传播的舆论话题。引爆企业产品病毒营销，效果非常显著。

◆ 绿色营销——踩着环保的卖点

传统的市场营销是企业利用营销 4P 组合策略来争取顾客和创造交易，以达到扩大市场份额的目的。但随着消费文化与心理的改变，市场竞争日趋激烈，以顾客的满意与忠诚度为标志的市场份额的质量取代了市场份额的规模而成为决定利润的主要因素。

绿色营销是传统营销的延伸及发展，就营销过程而言，二者并无差异，都包括市场营销调研、目标市场选择、确定企业市场营销策略等。但绿色营销作为一种新的营销方式与传统营销的差异主要表现在：

1. 绿色营销观所追求的是人类的长远利益与可持续发展，重视协调企业经营与自然环境的关系，更注重企业的社会责任和社会道德。而传统的营销观念主要考虑企业自身利益和消费者利益，忽视社会利益和环境利益。

2. 绿色营销的目标是实现可持续发展，使经济发展目标同生态发展和社会发展的目标相协调。而传统营销企业以取得利润为最终目标，其研究的焦点是通过协调企业、顾客与竞争者的关系来获得利润。

3. 绿色营销强调营销组合中的"绿色"因素，注重绿色消费需求，在定价、渠道选择、促销、服务、企业形象树立等营销全过程中都要考虑以保护生态环境为主要内容的绿色因素。绿色分销、绿色促销等手段日益成为企业关注的问题，而传统营销通过产品、价格、渠道、促销的有机组合来实现自己的营销目标。

从消费者角度来说，食品的安全健康是选购因素的重中之重。蒙牛乳业作为国内数一数二的乳制品企业，一直以来都享有良好的口碑。企业收入逐年递增：由 1999 年的 0.37 亿到 2010 年 302 亿，翻了数百倍。这在同时就意味着蒙牛乳业所应承担的社会责任、企业发展责任和行业的发展责任不断增加，只有肩负起了同等的责任才能继续保持在同行业中的领军地位。由此，决定了蒙牛乳业所坚持和追寻的发展之道必然是一条可持续之路，其营销策略也必然符合绿色发展之路。

"人类健康"是蒙牛乳业的口号和企业产品生产宗旨，这是绿色营销策略最扎实的根基指向。

绿色食品基地策略

蒙牛乳业宣称在全国 15 个省市区建立生产基地 20 多个，并在其周边地区建立奶站共计 3000 多个，联系奶农 300 万户，充分保证所产乳制品原料的天然和无污染性。在加工工序环节上，蒙牛乳业集团积极致力于环境保护和循环经济实践。

2007 年以来，蒙牛乳业集团先后在和林基地建成了国内乃至世界上最先进的智能化工厂和高科技乳品研究院，119 项技术创新被成功运用其中。这是从源头保证绿色食品的安全，也是蒙牛乳业实施绿色营销策略的基础。

绿色 VI 策略

蒙牛乳业产品外包装主要是白色、绿色的组合，充分展现出一种草原空旷感，给消费者纯净、健康的视觉反射。以蒙牛利乐砖纯牛奶外包装为例，以蒙牛牛头标志色彩为主体，以大草原的天然屏障为基础，包装上下以绿色开拍和收尾，上有"绿色食品"为主，名正言顺，下有卡通牛脚踩草地，体现地域优势。

绿色促销策略

蒙牛乳业 2003 年率先捐款、捐奶 1200 万元抗击非典；2004 年为全国教师捐奶 3000 多万元；2006 年积极响应号召，率先向全国贫困地区 500 所小学捐赠牛奶一年，受益小学生达到 6 万多人，总价值达 1.1 亿元。2007 年，蒙牛乳业集团再度选择 500 所小学，继续开展免费送奶活动。蒙牛乳业集团还与中国奶业协会、中国教育发展基金会、国家学生奶办公室、国家发改委公众营养与发展中心、人民日报经济部等 7 家单位，联合启动了以"每天一斤奶，强壮中国人"为主题的"中国饮奶运动"，并会同国家体育总局训练局、NBA 关怀行动、联想、微软、新浪、华润万家、家乐福、利乐等中国公司联合发起了"中国牛奶爱心行动"，通过一系列公益活动，蒙牛乳业正潜移默化地促进国人饮奶观念的树立，使广大消费者进一步认识到饮奶对身体健康的有益之处，让消费者在比较中认识绿色食品消费知识，促使消费者更加坚定地选择购买已经获得绿色标志的蒙牛产品。

绿色销售渠道策略

沃尔玛、家乐福、乐购等国内乃至国际最为大型的连锁超市，我们都能在其食品超市中看到绿色食品专区，蒙牛产品总能占据一席之地。2006 年 10 月份举行第 27 届世界乳业大会上，蒙牛乳业集团高端产品"特仑苏"从技术、品牌、品质、工艺等各方面特别是创新性上远远超越了其他竞争对手，最终捧回了"IDF 产品开发奖"，实现了中国在世界乳业史上金牌"零的突破"，为我们的国家和民族争了光，为"中国乳都"添了彩。

营销点评：

通过事件营销公关，蒙牛乳业积极支持社会公益事业，从捐助非典、抵抗雪灾、支持我国航天事业、寻求奥运项目合作等，大力宣传了蒙牛乳业的绿色健康品牌形象，进一步加深了消费者对乳制品品牌的认识和对绿色食品的需求。

◆ 国际营销——企业的新机遇和挑战

20 世纪 90 年代，国际上就形成了全球营销观念，该理念要求跨国企业把国家市场看成一个小市场，把具有相似需求的潜在顾客群体归入全球细分市场中，在企业的需要和国家的允许下，企业就可以实施全球营销战略。中国自从加入 WTO 后，与国际市场的交流越来越频繁，为了能够跟上世界经济的发展，中国企业也迫切需要学习全球营销战略，力求将自己的产品打入国际市场，并成为世界知名企业。随着市场的开放，中国也有一些企业走出国门，成功进行了国际营销，在国外站稳了脚跟，比如，海尔就是最典型的代表。

海尔的国际化战略目标是不仅仅要把产品出口到国外，还要让产品逐渐成为当地认可的产品，并在当地建设连锁店，在当地设计，为当地顾客服务，最后成为当地的名牌。海尔认真践行这个目标，最终成功实现了目标。

海尔在进入国际市场时，主要以产品出口的方式，通过产品在国外销售，逐渐让国外顾客认同海尔产品和品牌。在走出去的战略中，其没有和其他知名电商那样，先包围发展中国家，再进军发达国家。海尔采用的是先进入发达国家，然后再覆盖发展中国家的先难后易策略。

为了让产品真正扎根当地市场，海尔在当地投资，将产品生产基地部分转移到国外，实现当地设计、当地生产的模式。先后在十多个国家建立自己的海外工厂。同时，在欧洲也实现了当地设计、当地制造、当地销售。

海尔依据"当地融资、当地融智、当地融文化，创本土化的世界名牌"的方针，充分利用当地资源，生产世界级的品牌和本土化的产品，成功实现品牌本土化策略，将产品与当地的文化、生活习惯紧密联系在一起。

产品以质量取胜，出口先难后易，生产坚持本土化，海外销售形成网络化，产品定价遵循国际标准。正是依据这样的标准，企业一步步地实现本土化的营销策略，以及高质量的产品，让海尔得到了世界顾客的认可。海尔成功塑造了国际化形象，成为世界知名企业。

海尔走向国际化的道路说明外面的世界很大，企业的发展空间不仅仅是国内市场，还有广阔的国外市场。企业要有信心走出国门，走向世界。

虽然走向国际化的道路很诱惑人，但是，企业也应该看到它的挑战性，走向国际化并非一朝一夕的事情，也并非出去就能成功。国际化营销之路还面临很多阻碍。因为国家和国家之间的风土民情、风俗文化、语言、法律法规、社会制度等方面都存在着大大小小的差异，自己的营销策略是否会得到当地顾客的认可，自己的营销策略是否会触犯当地的规章制度和某些禁忌，这些都要全面考虑。另外，企业参与国际市场竞争，还要面临巨额外债、边界转移、不稳定政府、外汇问题、关税和贸易壁垒、贪污腐败和技术剽窃等风险。比如，国内政治的不稳定性、政策的不连续性、社会动乱及暴乱、国界纠纷、战争威胁以及本国与目标国之间出现摩擦等，都会给国际营销战略带去危险。就中国在叙利亚的企业来说，这次叙利亚战争就导致中国企业损失惨重。

还比如，法律风险。进行国际营销的企业处在不同的法律环境中，当有些法律法规发生变化时，原先使用的营销策略现在被禁止，企业发展就会出现危机，如果不能及时处理，就可能出现企业危机。

在外汇方面，由于各个国家之间货币的汇率不同，如果其他国家汇率发生变化，也会给企业带来不小的影响。

营销点评：

企业在看到希望的同时也要看到挑战。国际化营销是大势所趋，未来必将有很多企业走国际化营销道路，所以，要提前做好准备，考虑全面，一步步走向国际化道路。

◆ 服务营销——态度决定一切

"服务营销"是一种通过关注顾客，进而提供服务，最终实现有利的交换的营销手段。实施服务营销首先必须明确服务对象，即"谁是顾客"。像饮料行业的顾客分为两个层次：分销商和消费者。对于企业来说，应该把所有分销商和消费者看作上帝，提供优质的服务。通过服务，提高顾客满意度和建立顾客忠诚。

对于厂家来说，有鉴于饮料行业的营销模式，分销商占据举足轻重的地位。厂家的利润来自全国各省市的分销商。分销商具有左右市场需求的力量，因此，我们主要精力是处理好与各地分销商之间的顾客关系，建立合作、友好、互利的伙伴关系。要知道他们是企业最大的财富，失去了他们，企业将一无所有。

企业必须坚定不移地树立服务客户的思想，认清市场发展形势，明确分销商是厂家的上帝，消费者是最高上帝。企业所做的一切，都要以消费者的需求为最终的出发点和落脚点，通过分销商将工作渗透到消费者层次上，从源头抓起，培育消费者满意度和忠诚度。坚持为他们提供一流的产品、一流的服务。一来能体现企业对产品的负责、对分销商的负责、对消费者市场的负责；二来可以加强沟通，增加公司吸引力，提高竞争力，与客户共同进步，共同得益，实现厂家、分销商、消费者的"多赢"。

作为服务营销的重要环节，"顾客关注"工作质量的高低，将决定后续环节的成功与否，影响服务营销整体方案的效果。以下就"顾客关注"提出九项原则：

1. 获得一个新顾客比留住一个已有的顾客花费更大。

企业在拓展市场、扩大市场份额的时候，往往会把更多精力放在发展新顾客上，但发展新的顾客和保留已有的顾客相比花费将更大。此外，根据国外调查资料显示，新顾客的期望值普遍高于老顾客。这使发展新顾客的成功率大受影响。不可否认，新顾客代表新的市场，不能忽视，但我们必须找到一个平衡点，而这个支点需要每家企业不断地摸索。

2. 除非你能很快弥补损失，否则失去的顾客将永远失去。

每个企业对于各自的顾客群都有这样那样的划分，各客户因而享受不同的客户政策。但企业必须清楚地认识到一点，即每个顾客都是我们的衣食父母，不管他们为公司所做的贡献是大或小，我们应该避免出现客户歧视政策，所以不要轻言放弃客户，退出市场。

3. 不满意的顾客比满意的顾客拥有更多的"朋友"。

竞争对手会利用顾客不满情绪，逐步蚕食其忠诚度，同时在你的顾客群中扩大不良影响。这就是为什么不满意的顾客比满意的顾客拥有更多的"朋友"。

4. 畅通沟通渠道，欢迎投诉。

有投诉才有对工作改进的动力，及时处理投诉能提高顾客的满意度，避免顾客忠诚度的下降。畅通沟通渠道，便于企业收集各方反馈信息，有利于市场营销工作的开展。

5. 顾客不总是对的，但怎样告诉他们是错的会产生不同的结果。

企业必须及时发现并清楚了解顾客与自身所处立场有差异的原因，告知并引导他们。当然这要求一定营销艺术和技巧，不同的方法会产生不同的结果。

6. 顾客有充分的选择权力。

不论什么行业和什么产品，即使是专卖，我们也不能忽略顾客的选择权。市场是需求的体现，顾客是需求的源泉。

7. 你必须倾听顾客的意见以了解他们的需求。

为客户服务不能是盲目的，要有针对性。企业必须倾听顾客意见，了解他们的需求，并在此基础上为顾客服务，这样才能做到事半功倍，提高客户忠诚度。

8. 如果你不愿意相信，你怎么能希望你的顾客愿意相信？

企业在向顾客推荐新产品或是要求顾客配合进行一项合作时，必须站在顾客的角度，设身处地考虑。如果自己觉得不合理，就绝对不要轻易尝试。你的强迫永远和顾客的抵触在一起。

9. 如果你不去照顾你的顾客，那么你的竞争对手就会去照顾。

市场竞争是激烈的，竞争对手对彼此的顾客都时刻关注。企业必须对自己的顾客定期沟通了解，解决顾客提出的问题。忽视你的顾客等于拱手将顾客送给竞争对手。

营销点评：

如果企业能遵循上述原则，将会有事半功倍的效果。当然，没有不变和永恒的真理。随着市场的变化及工作经验的不断积累，相信更多精辟、实用的"顾客关注"法则会应运而生，"顾客关注"工作也将推向更新的高度。

◆ 软文营销——文字是最能玩出创意的东西

营销软文是相对于硬性的广告而言，是企业的策划者督促文案人员撰写的"文字广告"，是一种有力的营销方式。软文可以提高企业知名度和品牌美誉度，是企业宣传非常实用的方法，能取得硬性广告达不到的效果。正因为如此，企业常常策划在报刊或 DM、网络、手机短信等，刊登的纯文字性的付费短文广告、新闻报道、阐释性文章、案例分析等，以提升企业的品牌形象和知名度。有些企业利用电台、电视台以访谈、座谈方式进行宣传，也属于软文范畴。软文之所以备受推崇，是因为电视媒体费用上涨、硬广告效果下降，媒体对软文的收费比硬广告低，软文的投入产出比高。所以，企业更愿意以软文试水，以便快速启动市场。

软文是品牌推广的灵魂，可以将产品的资讯无形地镶嵌在文章里，广告于无形。要想写出好软文，必须具备良好的语言驾驭能力，敏锐地关注社会，同时对所推广的产品也要有较深的理解。好的软文能使消费者在阅读时学到知识，对所宣传的产品留下一个好印象。要想写好软文，首先要选准切入点。就是把需要宣传的产品、品牌或服务项目，完整地嵌入文章中。好的切入点，能把软性广告做得精致完美，使整篇软文浑然天成。其次要把握和控制好文章的整体方向和走势，巧妙设计文章结构，尤其要选富有强烈冲击力的标题。进一步完善整体文字之后，就要反复修改、润色具体内容，使软文的内容更加丰富完美。写好软文，还要注重与读者进行心理互动和情感交流，让读者有亲切感。软文也要具备一定的知识性和趣味性，读起来生动有趣，具有阅读价值。可以把软文当成知识传播的载体或是幽默笑话的载体来写，总之，软文一定要有看点，要能显示出产品的价值所在。

大型新闻网站覆盖面广、转载率高，每日的访问量大得惊人，而高质量的软文，能在这些大型新闻网站获得首页展示的机会，可以获得有效的转载和高质量的网站外链，保证企业品牌关键词能进入百度前三名。互联网媒体这种高效的传播能力，是电视广告都无法与之相媲美的。优渡网将软文广告定向传播到互联网的各个角落，反复引导消费者，大大提高企业的品牌形象。如果企业在网络上出现负面信息，优渡网还可以通过设置关键词和选择发稿网站，将负面信息的排名有效推后或是删除，而将正面的信息显现在搜索引擎的前几页。由于优渡网的媒体资源非常庞大，所以在软文营销中，大客户也可以采用新闻通稿的模式，将软文一次性同时发布到国内800余家新闻站点。

如果需要高质量的软文，也可以找公关公司或专业记者及软文专业写手撰写。然后再联系专业的发稿公司来发布软文，发稿公司就会利用自身的媒体资源，将需要发布的新闻稿件投放到各大媒体和新闻网站。优渡网就是国内著名的发稿公司之一，这个公司甚至可以以新闻通稿的方式，使软文在数百家网站同时报道出来。因为与优渡网发稿公司合作的门户网站非常多，有新浪、腾讯、搜狐、网易、中华网、中国网、中国日报网、雅虎、光明网、慧聪网、21CN、千龙网、TOM、和讯网、中国广播网、央视网等。可以在百度搜索优渡网，找到官方网站之后，咨询在线工作人员，就可以联系商洽有关新闻发布、软文营销事宜。

营销点评：

软文的精妙之处就在于一个"软"字，收而不露、绵里藏针，克敌于无形之中。软文之软，就在于软硬兼施、以柔克刚、内外兼修，所追求的是春风化雨、润物无声的传播效果。

第十一章　剖析快消品行业营销经典案例

对快消品牌来说，一次成功的创意营销，不仅可以提升品牌知名度，还可以带来销量的增长。盘点快消品行业，少不了那些成功的、令人拍案叫绝的创意营销案例。

◆ "笨 NANA" 创意冰淇淋营销

"笨 NANA"——这个很"萌"的名字，是一款好吃又好玩的冰淇淋，不但外形神似香蕉，而且吃的时候也和香蕉一样，要先剥了皮再吃。这样的冰淇淋，恐怕谁见了都忍不住想来一根过过瘾，尤其是年轻人和小朋友，这就是雀巢公司的奇思妙想，在 2012 年 2 月闪亮推出。这个创意十足的惊艳产品，一下子就成为冰淇淋行业的明星品牌。

雀巢公司数字营销部门经过周密的布局与运作，这款从外观到名字都充满了童趣、天真可爱的冰淇淋一推出市场，就获得消费者极高的关注，在各大媒体中频频曝光，引起网友对"笨 NANA"的热议，这也是拉动销售的直接原因。

雀巢公司及时跟踪用户，深入了解消费者的反应。经过广泛的调研发现，尽管"笨 NANA"主要是面向 7 ~ 12 岁的青少年消费者群体，可是 80 后、90 后等这群刚刚长大的年轻人也非常喜欢"笨 NANA"，而这些人恰恰是社交媒体上最活跃的人群。基于此，雀巢调整以往大做电视广告的营销方式，换成互动性和参与性更加广泛的数字营销。从最初产品在香港上市的 5 个月前，雀巢就开始与奥美互动合作，直到引进内地，在各大城市铺开。雀巢在微博上以趣味话题，来引导消费者对于"笨 NANA"展开讨论，并且还把"笨 NANA"打造成一款时尚、趣味的美味产品，先在受众的心中种下了期待的"种子"，进而刺激消费，使得网友本身成为"笨 NANA"的"代言人"，带动消费者主动传播相关话题。正是网友在社会化的媒体上广泛的讨论，才引爆了"笨 NANA"的销售。

　　由于前期的曝光量已经达到一定的高度，随之而来是冰淇淋的销售旺季，雀巢很快就把营销重心转移到持续拉动网友参与上来。在线上，通过多元化的"SNS 互动 + 病毒视频 + 话题炒作"等营销手段，实现了品牌最大差异化的卖点。与此同时，还在全国各大城市开展线上互动，使品牌迅速打开大陆市场，有效地刺激和提升销量，这就是雀巢最新的营销策略。

　　在与消费者接触的过程中，雀巢发现上网的青少年大部分都玩智力游戏，于是雀巢与腾讯合作，为孩子们搭建了"笨 NANA 岛"活动网站，腾讯不仅为"笨 NANA"定制多款 flash 游戏，同时还将已有的游戏与"笨 NANA"相结合。如"笨 NANA 岛"的"神奇游戏"，把"笨 NANA"设置成可爱的小猴子在穿越丛林时的重要食物，用户只要找到"笨 NANA"来喂食小猴子，小猴子就变得更"聪明"，学会很多穿越丛林的神奇魔术。孩子们在游戏过程中，还可以将自己的游戏体验和成果，随时分享在腾讯微博、人人网、豆瓣网、新浪微博等，形成社会化媒体多平台的互动传播。

　　"笨 NANA"之所以能够取得令人倾慕的成绩，是因为雀巢从一开始就确定了细致的推广计划。这款产品最早是在泰国研发的，设计初衷是为了儿童研发一种好玩的冰淇淋。但市场调查显示，无论在泰国还是香港地区，有很多的年轻人也非常喜欢这款产品，于是雀巢决定将其引入大中华区。在上市前 5 个月，雀巢与北京奥美签订了营销合作协议，营销传播主题定为"雀巢笨 NANA 为你揭开神奇乐趣"。奥美互动对"笨 NANA"这种像香蕉一样独特的产品特性，和可以剥开吃的新奇感，进行充分的发挥和演绎。确定最终的传播目标是"让晒笨 NANA 成为一种新时尚，让广大用户成为雀巢笨 NANA 的代言人。"

　　但是雀巢并没有马上把产品投入大陆售卖，而是从 2011 年 12

月到 2012 年 2 月，通过微博或一些网站发布"香港有好玩好吃的笨 NANA"之类的话题。而在此时大陆还不能购买，只有香港地区有售"笨 NANA"，大陆只能看到微博图片。实际上这就是"笨 NANA"热身活动——一次饥饿营销，所以在 2012 年 2 月份之后一上市就效果惊人。

"笨 NANA"成功的关键在于产品的新奇有趣性，赢得大家的关注，谁都乐意分享，传播起来就非常容易。"笨 NANA"首先确立了与众不同、好吃好玩的产品定位，加上"像香蕉一样剥开吃的冰淇淋"新奇的卖点，更能激起年轻人追求新鲜、时尚、好玩、乐于分享的消费心理，这为后续的品牌传播与推广奠定了很好的基础。年轻人喜欢新鲜事物，更相信口碑传播，通过互联网和手机用户，数字媒体引导推动更多用户成为雀巢"笨 NANA"的代言人，并以游戏的方式与儿童群体沟通，有效地带动线下销售，形成"线上线下紧密融合 + 核心受众高度契合 + 全媒体融合广泛覆盖"，这些因素都在推动着"笨 NANA"取得良好的成绩。

营销点评：

　　中国的年轻人几乎都是互联网、手机用户，他们喜欢谈论新鲜事物，尤其相信口碑传播，他们花费在传统电视频道上的时间已经越来越少。因此数字媒体成为雀巢的不二选择。此外，在与儿童群体的沟通上，雀巢选择了游戏营销的方式，这也很好地带动了线下的销售。

◆ 香飘飘奶茶的营销神话

浙江香飘飘食品有限公司，是颇具规模的食品生产企业，生产的"香飘飘"杯装奶茶，引导冲调消费的新潮流，带动相关产业链的蓬勃发展。香飘飘奶茶是一款非常方便的热饮，美妙的温暖口感，深得消费者的喜爱。借助产品创新、娱乐营销等杀手锏，通过"全球销量遥遥领先""3亿杯销量""绕地球一圈"等广告语，明确奠定全国奶茶第一品牌的地位。尽管其他品牌的奶茶一直想超越，却只能望其项背，无法撼动"香飘飘"的地位。"香飘飘"能取得让业界人士都感到不可思议的成就，绝不是偶然的因素形成的。一杯普普通通的奶茶，为什么竟然会有这样大的市场？这令许多从事生产类似产品的企业也感到困惑。

许多食品企业都抱怨市场竞争太激烈，实际上就因为是在同一个市场中"抢饭吃"。而"香飘飘"能在既有的市场中，寻找到相对空白的市场。珍珠奶茶在1985年在台湾地区诞生至今，红遍了全国。风靡一时的珍珠奶茶，和草原居民所喝的传统奶茶是完全不同的，而且是短线产品，所以没有哪个厂商能看出这种产品有什么商业价值和发展前景。但是年轻的消费者却非常喜欢喝这种美味的饮料，尤其是处在生长发育期的儿童和年轻的女性，更是奶茶的忠实消费群。蒋健琪偶然看到珍珠奶茶店的门前排着长队，就想，能不能把珍珠奶茶方便化？回去后立刻带队研究珍珠奶茶。蒋健琪认为产品设计就是领导者的工作，没有第二个人可以替代。他觉得奶茶并不难做，难点在于"珍珠"，因为珍珠放入水中时间一久就软掉。后来他忽然想到，何必只盯着"珍珠"？不如干脆不要珍珠了。但是只有一杯奶茶也不行，只有一包粉再加一支调羹或吸管，客户凭什么花钱买一只空杯？蒋健琪对珍珠奶茶进行全面创新，在配方上再进行彻底改造，全部采用天然原料，并用含有低热量高纤维的椰果代替了珍珠，使口感与营养调配都深受女性消费者的喜爱，满足了女性想喝奶茶却又怕喝多了影响身材的心理需求，成为第一种健康情趣奶茶。

奶茶行业中，"香飘飘"是第一个做广告的企业，因为蒋健琪认为奶茶是长线产品，值得投资电视广告。"香飘飘"刚上市的几年里，几十家奶茶品牌扎堆效仿。让品牌的概念尽快打入消费者心中，这是蒋健琪的营销理念。15秒的广告，用了七个"香飘飘"，出乎意料地打造出了一个相当有效的广告。蒋健琪出资找网络歌手香香出专辑《香飘飘》，为其量身定做了主打歌曲。请"万人迷"陈好做代言，把歌曲《香飘飘》用到广告里。又与中国移动合作，把《香飘飘》改成彩铃，置入用户手机里。但是这是不产生销售力的广告，对销售没起到拉动作用。广告拍得太花哨，也会喧宾夺主。就像优乐美广告中的周杰伦，遭到很多网友的恶搞。所以，"香飘飘"的新广告很明确，就是强调行业第一，一是绕地球几圈，二是销量领先，因为"香飘飘"连续七年在全国销量领先。"香飘飘"硬是将奶茶做成长线产品。

蒋健琪在早期做糕点生意时，就发现经销商"代销"产品，会造成大量的成本浪费，因为代销模式会让整个渠道的成员都不负责任，导致渠道失控。在转做小饮料和棒棒冰后，蒋健琪立刻建立正规的经销制度。他说："经销的好处就在于，企业的精力主要放在产品上，你把这个产品做得好，由不得经销商不卖。"快消品领域需要的就是这种扎扎实实的作风。其实道理很简单：客户花5毛钱买，就卖给他值5毛钱的东西，只要你的产品对得起消费者的考验，你的生意就是可持续的。

"香飘飘"奶茶试销后的第二年，就在"中国食品行业风向标"的全国糖酒会上问世了。蒋健琪几乎是哄着经销商做销售，只要订3000元的货就送货上门，卖不掉就退货。如果想继续进货，再把之前的货款打过来。这一招"代销"，意在投石问路，让经销商零风险运作。当"香飘飘"奶茶受到消费者的欢迎时，便恢复了经销制，"香飘飘"首战告捷。

喜之郎的"CC"奶茶易名为"优乐美"卷土重来，到2007年年底，情况就更危急了。蒋健琪考虑尝试生产用开水浇上去就可以食用的方便年糕，但他认真听取了评估，知道"香飘飘"并没找到适合自己的定位，整个运作应该调整为：强调自己是第一名的位置，在战略上压制竞争对手。于是蒋健琪忍痛撤掉年糕生产线，把资金、精力都聚焦在一点，一门心思卖奶茶。喜之郎从铺货时间和位置纷争，到降价挑起价格战，还将果冻与奶茶捆绑销售，"香飘飘"奶茶"命悬一线"，但在压力面前始终保持领先。

蒋健琪的每个决策都卓有成效。他从不找人试喝，而是直接试销，将学校小卖部作为切入点，再主攻批发渠道，侧击便利店、超市。公司新推出红豆奶茶，蒋健琪先运三五箱给几家学校的小卖部，"我要的不是销量，是数据：昨天、今天各卖几杯"，让客服每天给店主打电话，看销售趋势。好产品的销量慢慢升，到最高点后下降，经过一个转折点，后又跳上去。

蒋健琪为人温和、处变不惊，在渠道上足够稳准狠，迅速招兵买马、搭建市场网络、投入广告。

快消品拼的就是执行力，他的营销人员天天往销售终端跑，说："兄弟你卖我的奶茶吧。"今天不买账，他们第二天再去，不行就"买五杯送你一杯"，总之就是硬磨。

"香飘飘"是一家执行力非常强的公司。外界猜测"香飘飘"是人海大军，整个队伍体系可能会有几千人。其实，"香飘飘"全国只有一千多位全职的业务员，根据人口和GDP算出地方销售量，达不到业绩就另觅新人，找经销商也同样慎重，找错一个至少影响一年。"香飘飘"能有效铺货到县城，能摆上货架就是成功。

营销点评：

"香飘飘"的成功，就在于发现了奶茶市场的结构缺陷，更看到了潜在的商机。

◆ 加多宝营销风暴

王老吉凉茶起源于清朝道光年间，拥有 170 年的历史。可以说，最早的凉茶是一味防范疫病的药剂。通过调查发现，很多消费者选择王老吉凉茶，是为了预防"上火"，这是王老吉凉茶有别于普通饮料的特点，加多宝公司如获至宝，因为这是能推动产品走向全国的属性。

王老吉凉茶的主要消费群体，是 18 岁至 30 岁的青年消费者，加多宝公司下决心调整新的广告宣传。广告片拍成一个年轻的摇滚吉他手，唱"不用害怕什么，尽情享受生活，怕上火喝王老吉！"极具创意、目标精准、定位清晰，"怕上火，喝王老吉！"这句广告语一下子火遍了大江南北。

为了适应不同渠道的竞争，加多宝公司开始完善产品的包装规格，分为单罐装、6 连包塑料装、12 罐箱装，单罐装满足消费者日常购买，主要占领批发、商场、餐饮等渠道。6 连量贩家庭装满足家庭购买，主要占领商场和超市渠道；12 罐箱为礼品装，适合走亲访友送礼，主要在商场和超市、副食品店或礼品店出售。

加多宝倡导消费情景化，提出"消费情景化"概念，就是模拟各种容易"上火"的情景，提炼四季"上火"的诱因，植入王老吉凉茶广告，引导消费者在春暖乍寒时，炎夏消暑时，秋高气燥时，干冷冬季时，怕上火，喝王老吉。就连踏青、出游、熬夜加班、吃火锅、看球赛等，都不用担心会上火，因为王老吉凉茶能预防上火，让你尽情享受美好生活！王老吉凉茶开始全面占领消费领域。

实践终端推广生动化，成为加多宝公司的杀手锏，战胜了众多竞品，使红罐王老吉形成病毒式传播。加多宝公司利用终端一切力量布置形象宣传，达到无孔不入的覆盖。加多宝对现代、批发、餐饮、特通、小店五种渠道都制定策略，投入店招、雨篷、广告伞、海报、串旗等，详细规定在批发网点摆放 POP 海报、贴冰箱贴、放易拉宝的数量，甚至要求终端店的陈列和堆箱。终端生动化在餐饮渠道要下沉到每个餐桌，门口有吊旗、广告牌、展示架，餐桌上有王老吉餐巾纸、牙签筒。

加多宝公司一路高歌猛进、飞速发展的根源，是引以为傲的 4M 战略发展模型和三权分立体系。4M 战略发展模型，是指市场机会、管理、资源模式、财务系统，能够梳理企业内部工作流程、整合企业各项资源，使企业的发展前景达到最大化。三权分立的管理体系，是仿效西方国家政治制度，将市场、销售、监察三部分，进行独立运作、互相监督，有人负责挣钱、有人管花钱、有人负责监督。加多宝对监察部提出以业绩为重的"关键链管理"，以解决监督和把控个各阶段的当务之急。江西市场的成功，确立加多宝公司的财富的可复制模式，整体管理体系成型，逐步走向条理化，取得了良好的效果。以此为范本，加多宝公司向全国市场推广经验，加速了在全国市场的快速布局。

其实加多宝从 2002 年，就开始在北京市场积累资源，以"加多宝茶饮料＋王老吉凉茶"为主培育市场。直到北京奥运会，加多宝公司的机会来了。在《中国好声音》之前，加多宝公司一直坚持体育营销，很少赞助娱乐节目，因为娱乐节目有支持就有排斥。体育形象健康积极，不会引起各类消费者的排斥。然而市场竞争激烈无比，可口可乐独家买断奥运饮料赞助，加多宝公司只能在奥运周边寻找机会。在 2007 年 6 月至 10 月和 2008 年 3 月至 7 月饮料的销售旺季，启动"祝福北京"主题活动，与消费者近距离沟通，在全国 23 个主要城市巡回路演，征集百万祝福签名，56 个民族共同为北京祈福，开展多种形式的买赠，购买 6 罐装王老吉凉茶产品，送一个运动护腕；购买一箱王老吉凉茶产品，送运动三件套等。这样一来，加多宝公司巧妙借助奥运，在全国又掀起了红色风暴。

在奥运会即将到来之际，汶川发生特大地震，在中央电视台"爱的奉献——2008 抗震救灾募捐晚会"上，加多宝公司为抗震救灾捐出 1 亿元人民币，赢得掌声雷动。加多宝公司因此一夜而红，成为街头巷尾谈论的焦点。这是加多宝公司第一次在公众面前高调亮相。

加多宝公司对广告策划严加审核，在 2003 年斥资 4000 多万投放央视广告，2006 年续签央视两年的广告费，以低成本轻松拿下奥运年广告，拿下天气预报之后第一广告的播放权。在 2012 年年末央视黄金广告招标会上，加多宝公司以 8600 万元的强势，拿下 2013 年中央电视台第一标——新闻联播后标版一单元正一位。线上广告配合线下"以主题营造话题"的活动，利用媒体配合祝福北京活动。并且以物超所值的 6000 万元代价拿下《中国好声音》赞助，在 2012 年《中国好声音》中完美运作。这使加多宝公司轻松度过更名后的品牌危机。

营销点评：

加多宝公司北京战没，不仅使其在重大事件营销策略方面走向成熟，也使加多宝在广告媒介公关方面的成熟加速，从而在广告带动下获取非凡利润。

◆ 康师傅绿茶网剧营销

中国互联网络信息中心的数据显示，网络视频已经成为互联网的主要应用领域之一，用户规模的增长速度比较突出，覆盖率也在不断提高。"电视＋互联网"的整合传播趋势日益明显，根据艾瑞咨询研究数据显示，2014年网络视频的市场规模将达到160亿元。在网络视频的市场规模呈现高速成长的态势情况下，有越来越多的广告客户，对网络视频广告开始重视起来。目前主要有四种模式：视频贴片广告、视频病毒营销、视频UGC模式和视频互动模式。

视频贴片广告模式：在视频的片头、片尾或插片播放的广告以及背景广告等。贴片广告作为最早的网络视频营销方式，是电视广告的延伸。其运营逻辑，就是媒介的二次售卖原理，也可以将传统电视的TVCommercial资源，直接投放在网络上，实现广告的二次售卖，节约成本。

视频病毒营销：借助于好的视频广告，使视频成为强有力的"病毒携带者"，在互联网进行低成本的广泛传播。好的视频就像自己长了脚，靠着本身无法阻挡的魅力，俘获无数的网友，成为传播的中转站，能够不依赖购买媒介渠道，而是以病毒扩散的方式自发性蔓延。

视频UGC模式：UGC(user generated content)即用户产生内容，就是网友将自己DIY的内容，展示在互联网平台上，或者提供给其他的网友。这种模式调动了民间力量积极参与视频，主动产生作品。在UGC模式中，网友成为互联网的"网中人"，而不只是观众。最简单的形式，是通过征文收集与企业相关的视频作品。

视频互动模式：类似早期的 Flash 动画游戏，借助网络技术，让视频短片的主角与网友真正互动，用户只要用鼠标或者键盘，就能控制视频的内容，这种方式既好玩又有趣，能让一个简单的创意，取得巨大的传播效果。

视频营销的创意是必不可少的，因为创意对于网络营销的成功相当重要，没有创意就没有亮点，没有亮点也就没有点击率，所以对于视频营销来说，创意才是核心——创意为王，是视频营销的法则。

而康师傅"嘻哈四重奏"，就是遵循了视频营销的法则。《嘻哈四重奏》的故事，最早是发生在办公室，那位努力上进的业务小经理、职场的小白领小乔、少年老成的男白领、乐观自恋的胖丫头，最妙的是还有一个神出鬼没的老板，所以这个视频的创意，从角色上与目标人群非常吻合。而且在剧本设计上，采用了学生和白领都非常喜欢的"无厘头"喜剧形式，邀请了以周星驰为偶像的新锐导演卢正雨作为该视频的导演，还有《长江七号》里面最胖的星女郎——"暴龙"姚文雪和台湾地区的"小林志玲"杨晴碹。

康师傅将互联网列为重要的传播平台，考虑到视频所面向的群体，主要是学生和白领，而这群人又是互联网的核心用户群，因此优酷营销团队建议在快乐营销的策略上，采用网络短剧这种备受欢迎营销方式，以系列剧的形式贯穿在康师傅整个营销旺季，确保了快乐营销的持续性，期冀产生病毒式网络效果。

一般来说，消费者在选择这些快速消费品时，往往更注重娱乐性和体验性，因为买一瓶果汁或一支牙膏，与买一部手机或一台电饭煲显然是完全不一样的。尤其是上班族在午餐后闲着无聊，就喜欢找一些肥皂剧来看，却发现传统的电视剧节目时间太长，在午休的短暂时间里看不完，便选择随意逛逛视频网站，无意中就会看到一个叫《嘻哈四重奏》的网络短剧，轻松搞笑的内容，一集还不到十分钟。而且剧中人物与自己的工作状态还能产生共鸣，也便注意到剧中植入的"康师傅绿茶"，并且开始喜欢上了，于是第二天就在便利店买了一瓶，权当对自己的辛苦工作犒劳一下。

植入康师傅绿茶广告的《嘻哈四重奏》，每集平均约有 500 万人次点击，甚至比一些电视剧的收视率还要高，在该剧热播期间，产品的销量上涨了 10%。由此可见，快速消费品企业在做网络营销之前，首先应该仔细分析目标消费群体的网络行为，才能做到有的放矢。客户就可能会因为接触到一个有趣的网络活动，而产生购买欲望，进而完成购买行为。

剧情在喜剧本身所营造的快乐氛围之中，总是不失时机地围绕着康师傅绿茶大做文章。例如，当经理向小乔表白说："你身上有一种健康阳光、清新凉爽的感觉"时，小乔竟误以为经理是想喝绿茶，于是就跑出去买绿茶，而经理错将门外走来的胖丫头，当成了小乔而大献情歌，暗恋经理的胖丫头，就以为经理也喜欢上了自己，激动地一下子抱住了经理，搞笑的情节令人忍俊不禁。这种巧妙的设计，自然而然地将品牌元素植入了剧情中，丝毫不会影响喜剧效果，同时顺利完成了品牌传播。剧中很多类似的无缝植入广告元素，将娱乐和广告巧妙融合，通过这种大快乐来注解品牌，可谓是将娱乐营销应用于网络视频的典范之作。

营销点评：

小成本制造大影响，在快乐营销的策略上，优酷营销团队采用的是网络短剧，这种备受欢迎、对于年轻人更为喜闻乐见的形式，相对电影植入、综艺节目植入，康师傅采用的《嘻哈四重奏》网络短剧的植入形式，可以说自主性更强，剧本、演员等方面的选择性也很强，无论影片风格还是剧情安排，都可以量身定做，所以更适合品牌的诠释和传播。

◆ 哈根达斯，开发市场层面营销新法则

在企业发展中，想要改变产品，就可能要改变生产设备，还要进行人员培训，总之，企业的软硬件都要转变方向，无法利用原有资源进行开发生产，会形成很多成本压力，因此，很多企业都不希望改变原有产品，那么，企业就要在市场层面开发思维，进行营销。在市场层面，主要可以从需求、目标、时间、地点、情境、体验方面转变开发思维，找到有效营销方法。

比如，哈根达斯借助房地产的渠道资源进行推广。但凡标榜高档的项目，在举办开盘之类的活动时，会给顾客免费品尝哈根达斯，以显示自己的贵气、大气。从哈根达斯来看，营销渠道拓宽了，在卖房子的地方卖起了雪糕，利用别人的渠道资源去网罗自己的顾客。

从开发商来看，则是借助哈根达斯的牌子营造氛围，为顾客创造特殊的价值和体验，成为开发商吸引顾客的一部分，帮助开发商提升顾客价值。这是双赢的局面，彼此达成合作的基础是面对共同的顾客群体。

一个是食品一个是居住场所，两者没有本质的联系，但跳出食品这个行销领域，哈根达斯利用房产的营销渠道为自己开辟了一个更大的市场。这就是跳出来，转变思维，开辟新市场的成功典范。企业在进行产品营销时，也需要开阔思维，寻找新市场。

改变思维角度可以从以下四个方面着手。

1. 开拓多样功能

一种产品可能有很多功能。比如，一根冰激凌基本功能是用来解暑，而哈根达斯则将其宣传成了一个时尚的符号，所以，即便不为了解暑，只为了追求时尚这一点，也会吸引很多年轻顾客在大冬天购买哈根达斯。这就是厂家通过对功能的拓展，让其有了新的满足顾客某种需求的卖点。

2. 扫除顾客障碍

比如，上电视表演只有一小部分人能够实现，而目前随着大众文化的发展，很多电视台，开办平民大舞台，帮助观众扫清了障碍，观众喜欢参加，也喜欢看，这样就提高了电视的收视率。

3. 改变时间

也就是通过时间段的调整，产生新的营销手段，刺激顾客消费。比如，在一些地区晚上商店都关门，而某一家商店营业 24 小时，这极大地方便了顾客，生意自然会好。又比如，有一家餐厅，顾客用餐时间在某个时间内，就打折优惠。这些都是通过改变时间来产生营销效果，提高营业额的措施。

4. 改变地点

通常在顾客的逻辑思维中，都是雪糕在冰柜放着，在电影院里吃爆米花。如果能改变这种逻辑情境，比如，在滑雪场吃冰冻爆米花，在炒锅里取冰激凌，这样的创意思维一定会吸引很多顾客。所以，企业不妨通过对固有情境的改变，找到消费卖点。

营销点评：

当然，除了通过以上这些思维的改变之外，企业也可以寻找到其他的改变思维的方法，比如，把十大感动人物，搬到企业，做成十大感动顾客，并进行颁奖，这些营销手段一定会让人耳目一新，提高顾客对产品的关注度和销量。

◆ 红牛的危机公关

2003 年 8 月，海南检验检疫局在对进口红牛饮料检验中，发现饮料无中文标签，咖啡因含量超过我国标准，且尚未取得我国标签审核证书。随后国家质检总局发出通知，要求各地检验检疫局对辖区市场销售的进口红牛饮料进行检查。这件事随后被几家网站和报纸不准确报道，从而对公众和消费者产生了一定程度的误导。

错误的报道中只找出了"进口红牛被查"，而且着重报道了咖啡因超标。却对问题真正的实质没有说明，如这个产品是与中国红牛饮料公司生产的产品完全没有关系的"走私进口"。其实，在我国销售的红牛饮料主要有进口和国产之分，其中国产红牛饮料是红牛维生素饮料有限公司在海南和北京设立的两个工厂的产品。

根据医学专家介绍，违规进口的"红牛饮料"与酒混合饮用则会引起脱水现象发生，并且损害心脏和肾功能。同时功能饮料中的咖啡因会增加心脏的负担，过量服用会产生心慌、烦躁的现象，严重时可能导致死亡。所谓的"进口红牛"缘于 2003 年夏天以来，在广西、云南、海南等几个地区，有一小批人在销售从非法渠道走私进口的红牛饮料，而中国红牛饮料公司也一直在配合当地执法部门查处这些无中文标志的走私产品。红牛公司认为这种打击只是针对少数几个地区，而且走私的进口红牛数量也很少，不会引起危机，因此就没有对媒体和公众做出声明和解释。

事情的发展证明红牛公司起初对事件的严重性估计不足，但面对这次危机，红牛公司临阵不慌，从容地应对了这场关系品牌和产品的信任危机，尽量将危机的负面影响减少到最小。当"被查事件"发生后，红牛维生素饮料公司品牌策划管理部部长连续接到两个电话，询问进口红牛被查事件。根据这一线索，马上查找信息来源，并及时向总经理汇报，与负责质检、工商、法律、条法等部门紧急沟通。弄清事情真相当日，红牛公司立即召集条法部、客户服务部和品牌部相关人员召开紧急会议，并一致认为必须向公众澄清事件，并消除由此可能带来的负面影响。会议对危机处理的各项事务作了详细安排并指定相关责任人，争取到时间的主动权，避免了混乱。按照轻重缓急的顺序，红牛公司决定首先在媒体方面扭转舆论导向，立即同国内刊登该新闻的一些主要网站取得联系，向其说明事情真相，然后动用公关手段，促使有关网站摘掉所转载的不准确的新闻，换上红牛公司法律顾问的"严正声明"，并附以红牛公司质量承诺宣言和获得国家相关认证证书的列表。在一定程度上防止了媒体可能存在的"恶炒"。针对第二天平面媒体可能出现的报道，红牛公司起草了一份新闻通稿，于当晚向全国一些主要媒体以传真形式发出。同时，该公司又针对全国约50家主要媒体做了一个广告投放计划，每家做半个版的广告，而广告的内容是向消费者说明和承诺红牛的品质没有问题，红牛的品牌绝对值得信任。就连广告也于当天晚上连夜设计出来，与危机抢时间。在与媒体联络沟通的同时，红牛通知全国30多个分公司和办事处，要求它们向当地的经销商逐_说明事情真相，红牛公司将自己的声明传真给每个经销商，让经销商先期有了知情权，使经销商得到尊重，并坚定经销商对红牛的信心和信任。与品牌策划部同时工作的还有条法部，它们主要负责同各地的质检、工商等部门沟通，以说明情况，消除影响。

红牛的做法给了我们很多启示：遭遇公关危机时，最明智的做法就是面对现实，主动出击，这样才会化解公关危机，主动做出解释，甬费者反而觉得企业更值得他们信赖。处理公关危机，最重要的原则就是减少危机的程度，并尽可能地化"危"为"机"。综观中国红牛的危机公关过程，它体窥了整个红牛公司良好的危机公关素质，使"假红牛"的负面影响控制在一定范围之内，使危机对品牌和公司的危害降低到了最低限度。

营销点评：

公关营销作为一种极为有效的营销工具，我们应予以重视并充分利用，但我们切不可视其为万能而过高估计了它的作用。首先企业要有优质的服务和过得硬的产品，它是品牌的生命力和企业生存发展的必要条件，公关营销能使品牌锦上添花，而不足以创建品牌。